Marc Oliver Hahndorf

Die Zukunft der RFID-Technologie

Spannungsfeld zwischen Theorie und Praxis

IGEL Verlag

Marc Oliver Hahndorf

Die Zukunft der RFID-Technologie

Spannungsfeld zwischen Theorie und Praxis

1. Auflage 2009 | ISBN: 978-3-86815-093-3

Die Deutsche Bibliothek verzeichnet diesen Titel in der Deutschen Nationalbibliografie. Bibliografische Daten sind unter http://dnb.ddb.de verfügbar.

IGEL Verlag

Inhaltsverzeichnis

Abbildungsverzeichnis

1 Einleitung

In renommierten Fachzeitschriften, auf zahlreichen Internetseiten sowie in der Literatur wird die Radio Frequenz Identification (RFID) Technologie immer wieder in den Zusammenhang mit einer „Revolution" der Wirtschaft und des Supply Chain Managements (SCM) gebracht. Einige Logistiker sehen die Bedeutung der Erfindung von RFID sogar gleichbedeutend mit der Erfindung des Rads.[1] Sowohl die Europäische Union als auch die Bundesrepublik Deutschland fördern jährlich mehrere Projekte mit Steuergeldern. Zahlreiche namhafte Unternehmen wie die Metro AG, Wal-Mart, DHL oder Schenker investieren seit einigen Jahren mehrere Millionen Euro in Pilotprojekte mit RFID und planen den unternehmensweiten Einsatz der Technologie. In der Bundesrepublik werden die Unternehmen etwa 600 Millionen Euro in die RFID-Technologie im Jahr 2008 investieren und im Jahr 2010 sollen sogar weltweit 3 Milliarden US Dollar in RFID investiert werden.[2]

Diese Zahlen spiegeln die große Bedeutung von RFID für die Unternehmen und die gesamte Wirtschaft. Trotz der großen Euphorie, die die RFID-Technologie international ausgelöst hat, haben bereits einige Unternehmen negative Erfahrungen gemacht mit RFID. Zudem bleibt die Euphorie auf der Kundenseite gänzlich aus. Ferner werden bei den Endkunden durch die neue Technologie zahlreiche Befürchtungen in Bezug auf den Datenschutz und den Nutzen von RFID geweckt.

Die vorliegende Untersuchung befasst sich mit der Problematik, dass der RFID Technologie viel Euphorie auf Seiten der Unternehmen entgegen gebracht wird und dass RFID auf Seiten der Endkunden eher Zurückhaltung hervorruft. Ziel dieser Untersuchung ist eine klare Potenzialanalyse, die sowohl die Stärken und Schwächen (heutiger Stand der RFID-Technologie) als auch die Chancen und Gefahren (zukunftsgerichtete Betrachtung und Bewertung) der RFID-Technologie aus Sicht der Unternehmen und der Endkunden

---

[1] Vgl.: Hodel, D.: Von der Innovation zum Geschäftsmodell, Mannheim 2007, S.1, verfügbar im Internet http://imc-ag.de/downloads/Von_der_Innovation_zum_Geschaeftsmodell-1007.pdf

[2] Vgl.: Klaas, V.: RFID in der Industrie ermöglicht hohe Produktionsqualität durch Echtzeitdaten, 06.07.2007, verfügbar im Internet http://www.maschinenmarkt.vogel.de/themenkanaele/materialflusslogistik/autoid/rfid/articles/70200/

analysiert. Ableitend aus der Potenzialanalyse soll ersichtlich werden, inwiefern sich der Mehrwert der Technologie für die Unternehmen und die Endkunden unterscheidet und inwiefern die Interessen der Unternehmen und der Endkunden im Kontrast zueinander stehen. Dabei soll analysiert werden, mit welchem Umgang und welcher Kommunikationsstrategie die Unternehmen das Vertrauen der Endkunden für RFID gewinnen können.

2 Grundlagen des Supply Chain Management (SCM)

2.1 Entwicklung des SCM

In modernen Wertschöpfungsketten (Supply Chains) durchlaufen Waren auf dem Weg zum Endkunden mehrere Stationen und Knotenpunkte. Diese Knotenpunkte und Stationen stellen alle Beteiligte an einer Wertschöpfungskette dar und bestehen grundsätzlich aus Zulieferern, Produzenten, Großhändlern, Speditionen, Lagerhäusern, Dienstleistern und den Filialen. In der klassischen Betriebswirtschaftslehre und Logistik werden die Beteiligten an der Wertschöpfungskette isoliert betrachtet. Grundsätzlich trifft jeder Beteiligte einer Supply Chain (SC) seine eigenen betriebswirtschaftlichen Entscheidungen, die die Produktion, die Lagerhaltung und den Absatz betreffen können. Es wird bei dieser ursprünglichen Form der Betriebswirtschaftslehre und der Logistik kein Systemzusammenhang zwischen allen Beteiligten der Wertschöpfungskette gesehen.[3]

Um die Lücke zwischen dem Unternehmen und den übrigen Beteiligten der Supply Chain zu schließen, wurde in den 80er Jahren das Just-In-Time Konzept eingeführt. In den 90er Jahren wurde in Folge das Efficient-Consumer-Response (ECR) Konzept eingeführt, welches die Kommunikation zwischen dem Unternehmen und dem Kunden verbessern sollte.[4]

---

[3] Vgl.: Vahrenkamp, R.: Logistik – Management und Strategien, 6. Auflage, Kassel 2007, S. 24 f.

[4] Vgl.: Arndt, H.: Supply Chain Management – Optimierung logistischer Prozesse, 2. Auflage, Wiesbaden 2005, S. 45

Author	Definition von Supply Chain Management
Christopher (1992)	Network of organizations that are involved, through upstream and downstream linkages, in the different processes and activities that produce value in the form of products and services in the hands of the ultimate consumer.
Cooper/ Lambert/Pagh (1997)	The integration of all key business processes across the supply chain is what we are calling supply chain management.
The Global Supply Chain Forum (1998)	Supply Chain Management deals with the management of materials, information and financial flows in a network consisting of suppliers, manufacturers, distributors and customers. The coordination and integration of these flows within and across companies are critical in effective supply chain management.
Vahrenkamp (1998)	Die ganzheitliche Betrachtung der Logistikkette zielt auf die Abstimmung der Güterströme im gesamten Netz ab und wird als Supply Chain Management bezeichnet.
Buscher (1999)	Beim Supply Chain Management handelt es sich um ein strategisches Unternehmensführungskonzept, das darauf abzielt, die Geschäftsprozesse, die entlang der Versorgungskette (Supply Chain) vom ersten Rohstofflieferanten bis zum Endverbraucher auftreten, zur Kundenzufriedenheit zu gestalten.
Bowersosx/ Closs/Stank (1999)	Supply Chain Management can be defined as a collaborative-based strategy to link interorganizational business operations to achieve a shared market opportunity. Supply Chain Management ... is a ... concept concerned with activities to plan, implement and control the efficient and effective sourcing, manufacturing, and delivery process for products, service, and related information from the point of material origins to the point of ultimate consumption for the purpose of conforming to end-costumer requirements.

Abbildung 1: Definitionen von SCM in der Literatur

Quelle: Vgl.: Vahrenkamp, R.: Logistik – Management und Strategien, 6. Auflage, Kassel 2007, S. 25

Der Begriff „Supply Chain Management" wurde erstmalig von Unternehmensberatern in den 80er Jahren eingeführt. Erst Anfang der 90er Jahre wurde das SCM in der Literatur strukturiert und definiert.[5] In der Abbildung 1 sind einige Definitionen aus der internationalen Literatur aufgeführt, die aufzeigen sollen, wie unterschiedlich und weitläufig SCM definiert werden kann.

In der Abbildung 1 lässt sich erkennen, dass es unter den Theoretikern und Praktikern bis heute keine klare und einheitliche Definition des Supply Chain Managements gibt. Das liegt zum einen an den unterschiedlichen Zielen des SCM in der Praxis und zum anderen daran, dass das SCM nicht klar abgrenzbar ist von den verschiedenen Begriffen der unternehmensübergreifenden Logistik, des Logistikmanagements und dem Produktionsmanagements.[6]

Für diese Untersuchung soll die Definition des deutschen Autors Holger Arndt als eine der aktuellsten und allgemein gültigsten übernommen werden: „Supply Chain Management ist die unternehmensübergreifende Koordination und Optimierung der Material-, Informations- und Wertflüsse über den gesamten Wertschöpfungsprozess von der Rohstoffgewinnung über die einzelnen Veredelungsstufen bis hin zum Endkunden mit dem Ziel, den Gesamtprozess sowohl zeit- als auch kostenoptimal zu gestalten."[7]

2.2 Leitlinien und Prinzipien des SCM

Der Erfolg des Supply Chain Management basiert auf der Schaffung von effektiven Strategien, auf der Verpflichtung zur kontinuierlichen Leistungserbringung sowie auf dem Willen zur Veränderung von allen Unternehmensbereichen im Sinne der ganzheitlichen Betrachtung. Dabei soll das Gesamtsystem bzw. die gesamte Supply Chain optimiert werden.[8] Um diesen Erfolg zu erreichen, können drei grundsätzliche Leitlinien hervorgehoben werden:

Als eine dieser drei wesentlichen Leitlinien des SCM muss die Kunden- und Wettbewerbsorientierung genannt werden. Dabei steht der Kundennutzen im Spannungsfeld zum profitablen Wachstum.

---

[5] Vgl: Brewer, A.M. u.a.: Handbook of Logistics and Supply Chain Management, 1. Auflage, Sydney 2001, S. 100

[6] Vgl.: Busch, A., Dangelmaier, W.: Integriertes Supply Chain Management – Theorie und Praxis effektiver unternehmensübergreifender Geschäftsprozesse, 2. Auflage, Wiesbaden 2004, S. 5

[7] Arndt, H.: Supply Chain Management – Optimierung logistischer Prozesse, S. 46

[8] Vgl.: Beckmann, H., Supply Chain Management - Strategien und Entwicklungstendenzen in Spitzenunternehmen, 1. Auflage, Berlin 2003, Seite 9

Die Kundenorientierung bedeutet für das SCM, dass alle organisatorischen Strukturen wie die Aufbau- und Ablauforganisation innerhalb der Supply Chain und alle an der Supply Chain beteiligten Unternehmen an dem Kundennutzen ausgerichtet werden müssen. Bei der Gegenüberstellung des Ziels des profitablen Wachstums und der Kundenorientierung können zwei wesentliche Kernaspekte herausgehoben werden. Zum einen sollten alle Verbindungen der Beteiligten der Supply Chain ganzheitlich erfasst werden und zum anderen sollte auf die handfesten Ergebnisse über Gewinnwachstum, Ressourcennutzung und Kostenreduktion eingegangen werden.[9]

Die zweite Leitlinie des SCM ist die Prozessorientierung. Die Effektivierung und Optimierung von Prozessen ist ein wichtiger Erfolgsfaktor im SCM. Die Prozesse im SCM sollen so effektiv koordiniert werden, dass Kundennutzen auf der einen Seite und wirtschaftliche Rentabilität auf der anderen Seite geschaffen wird.[10]

Die dritte Leitlinie ist die ganzheitliche Betrachtung. Dabei sollen alle Entscheidungen des normativen, strategischen und operativen Managements in einem geschlossenen ganzheitlichen Ansatz getroffen werden.[11]

Aus den Praxiserfahrungen bei der Realisierung von SCM haben die Autoren David L. Anderson, Frank F. Britt und Donavon J. Favre folgende sieben Prinzipen abgeleitet, die zu wirtschaftlichem Wachstum beigetragen haben:

- "Principle 1: Segment customers based on the service needs of distinct groups and adapt the supply chain to serve these segments profitably.

- Principle 2: Customize the logistics network to the service requirements and profitability of customer segments.

- Principle 3: Listen to market signals and align demand planning accordingly across the supply chain, ensuring consistent forecasts and optimal resource allocation.

---

[9] Vgl.: Beckmann, H., Supply Chain Management - Strategien und Entwicklungstendenzen in Spitzenunternehmen, Seite 9ff.
[10] Vgl.: ebd.
[11] Vgl.: ebd.

- Principle 4: Differentiate product closer to the customer and speed conversion across the supply chain.

- Principle 5: Manage sources of supply strategically to reduce the total cost of owning materials and services.

- Principle 6: Develop a supply chain-wide technology strategy that supports multiple levels of decision making and gives a clear view of the flow of products, services, and information.

- Principle 7: Adopt channel-spanning performance measures to gauge collective success in reaching the end-user effectively and efficiently."[12]

Diese sieben fundamentalen Grundsätze wurden abgeleitet aus erfolgreichen Umsetzungen von SCM in mehreren Unternehmen. Die Prinzipien sollen dabei den Entscheidungsträgern helfen, die richtigen Entscheidungen zur richtigen Zeit zu treffen.[13]

2.3 Aufgaben und Ziele des SCM

In der innerbetrieblichen Produktionsplanung und –steuerung werden die gestalterischen, die planerischen und die steuernden Aufgaben aus der unternehmensinternen Sicht betrachtet, die Aufgaben und Ziele des SCM hingegen aus der unternehmensübergreifenden Sicht. Im Folgenden werden die normativen, strategischen und operativen Aufgaben und Ziele näher erläutert.

2.3.1 Normativ

Das normative SCM definiert die generellen Ziele des SCM und stellt Prinzipien und Normen auf, die eine gewisse Supply Chain Kultur (SC-Kultur) darstellen. Diese SC-Kultur gibt die Regeln für das Verhalten innerhalb der Supply Chain vor und hat als langfris-

---

[12] Anderson, D.L.: The 7 Principles of Supply Chain Management, Stand 1.4.2007, verfügbar im Internet http://www.scmr.com/article/CA6432096.html (Letzter Zugriff: 08.07.2008 12:55 Uhr)

[13] Vgl.: ebd.

tiges Ziel die Sicherung der Lebens- und Entwicklungsfähigkeit der Supply Chain.[14]

Auf der normativen Ebene werden Vision, Kultur und Politik der Supply Chain formuliert.[15] Dabei spielt die SCM-Vision eine besondere Rolle. Die SCM-Vision stellt ein realistisches und erstrebenswertes Zukunftsbild dar und macht „Zukunftsaussagen über die Strukturen und Prozesse der Güter-, Informations- und Geldflüsse"[16]. Die SCM-Vision dient allen Beteiligten der Supply Chain als „Leitstern". Es gibt einige Beispiele, die zeigen, dass erfolgreichen Unternehmen eine Vision zugeordnet werden kann und weniger erfolgreichen Unternehmen hingegen nicht.[17] Der Stellenwert des normativen SCM darf deswegen nicht unterschätzt werden, da dieser den Rahmen aller künftigen Aktionen im SCM vorgibt und sich die strategischen und operativen Ziele nach dem normativen Zielen orientieren.

2.3.2 Strategisch

Das strategische Management ergibt es sich aus dem normativen Zielen des SCM. „Im Mittelpunkt strategischer Überlegungen stehen neben Programmen die grundsätzliche Auslegung von Strukturen und Systemen sowie das Problemlösungsverhalten der beteiligten Unternehmen."[18] Bei dem strategischen SCM sollen die Erfolgspotenziale der Logistik in der Supply Chain ausgeschöpft werden. Dabei soll die Wettbewerbsfähigkeit und Wettbewerbsposition der Supply Chain langfristig stabilisiert und gestärkt werden.[19] Neue Erfolgspotenziale ergeben sich aus den Veränderungen und Ent-

---

[14] Vgl.: Beckmann, H., Supply Chain Management - Strategien und Entwicklungstendenzen in Spitzenunternehmen, S. 12f.

[15] Vgl.: Göpfert, I.: Abgrenzung und Weiterentwicklung des Supply Chain Managements, in Busch, A., Dangelmaier, W.: Integriertes Supply Chain Management – Theorie und Praxis effektiver unternehmensübergreifender Geschäftsprozesse, 2. Auflage, Wiesbaden 2004, S. 40

[16] Göpfert, I.: Abgrenzung und Weiterentwicklung des Supply Chain Managements, S. 41

[17] Vgl. ebd., S. 41

[18] Vgl: Beckmann, H., Supply Chain Management - Strategien und Entwicklungstendenzen in Spitzenunternehmen, S. 13

[19] Vgl.: Göpfert, I.: Abgrenzung und Weiterentwicklung des Supply Chain Managements, Setie 42 f.

wicklungen von Bedingungen, die zukünftig vorteilhaften bzw. positiven Nutzen gegenüber dem Wettbewerb erzielen sollen.[20]

2.3.3 Operational

Das operative SCM leitet sich unmittelbar von dem strategischen SCM ab. Auf der operationalen Ebene sollen die normativen und strategischen Ziele direkt in operatives Handeln umgesetzt werden.[21]

2.4 Motive

Die Motive für die Umsetzung eines SCM Konzepts leiten sich von den gestiegenen Anforderungen und der wachsenden Komplexität und Dynamik von Supply Chains ab. Dabei stehen die Unternehmen unter dem Druck und vor dem Problem, den Anforderungen wachsender Komplexität der Supply Chain gerecht zu werden, bei gleichzeitig geringer werdenden Reaktionszeiten. Das SCM soll helfen, die benötige Reaktionszeit zu verringern, die verfügbare Reaktionszeit zu erhöhen und die Komplexität und Dynamik zu reduzieren.[22]

Zudem kann durch die Betrachtung der gesamten Wertschöpfungskette im Supply Chain Management von einer veränderten Form der Konkurrenzbeziehung gesprochen werden, da nicht mehr einzelne Unternehmen sich als Konkurrenten gegenüber stehen, sondern ganze Wertschöpfungsketten bzw. Supply Chains. Dadurch wird der Druck auf die Unternehmen, unternehmensübergreifende Prozesse zu optimieren, deutlich stärker und ist eine weitere Motivation zur Umsetzung des SCM Konzepts.[23]

2.5 Potenziale des SCM

Die Potenziale des Supply Chain Management im normativen, strategischen und operativen Management sind als ausgesprochen hoch zu bezeichnen.

---

[20] Vgl: Beckmann, H., Supply Chain Management - Strategien und Entwicklungstendenzen in Spitzenunternehmen, S. 13
[21] Vgl.: ebd.
[22] Vgl.: ebd., S. 5
[23] Vgl.: Corsten, H., Gössinger, R.: Einführung in das Supply Chain Management, 2. Auflage, München 2008, S. 4f.

Ebene	Bezugsgröße	Potenzial
Normativ	Entwicklung	Qualitative Höherentwicklung
	Lebensfähigkeit	Verbesserung der Leistungsniveaus
		Anpassungsfähigkeit
		Neue Sichten/Impulse
		Öffnung von Grenzen/Strukturbrüche
		Organisatorisches Lernen (Lernen zu Lernen)
		Aufrechterhaltung der Unternehmensidentität
Strategisch	Entwicklung neuer Erfolgspotenziale	Differenzierungsvorteile
		Reduzierung von Eintrittbarrieren
	Nutzung bestehender Erfolgspotenziale	Zeitvorteile
		Kostenführerschaft
		Wachstumsstrategien
Operativ	Erfolg	Ergebnisvorteile
	Liquidität	Kostenvorteile
		Personal
		Technologie
		Finanzen
		Risikominimierung
		Lerneffekte

Abbildung 2: Erfolgpotenziale des SCM

Quelle.: Modifiziert Beckmann, H., Supply Chain Management - Strategien und Entwicklungstendenzen in Spitzenunternehmen. Seite 16

Die Unternehmen müssen aber zur Ausschöpfung dieser Potenziale erhebliche Investitionen, u.a. für Software, tätigen und bereit sein zu Veränderungen. Die Abbildung 2 zeigt die Erfolgspotenziale des SCM nach der normativen, strategischen und operativen Ebene geordnet.

2.6 Risiken des SCM

Das Supply Chain Management steht durch die erhebliche Bedeutung der Wettbewerbsfähigkeit und den Optimierungspotenzialen sowie den hohen Aufwand bzw. Kosten, die für die Umsetzung eines SCM Konzepts aufgebracht werden müssen, unter einen enormen Erfolgsdruck. Das SCM Konzept ist grundsätzlich durch eine sehr hochgradige Komplexität geprägt und kann sich in Zusammenhang mit dem hohen Erfolgsdruck gefährdend auf die erfolgreiche Umsetzung auswirken. [24]

Auf der normativen Ebene können sich z.B. unterschiedliche Unternehmenskulturen gefährdend auf den Erfolg auswirken. Ebenso kann eine fehlende gemeinschaftliche Vision oder auch mangelndes Vertrauen unter den Beteiligten einer Supply Chain zu einem Misserfolg des SCM führen. Mangelnde Kommunikation und Zusammenarbeit sind mitunter die größten Risiken des SCM. [25]

Auf der strategischen Ebene besteht das größte Risiko aus unterschiedlichen und nicht kombinierbaren Zielen und Motiven. Insbesondere bei der Kundenorientierung kann es bei den Entscheidungsträgern innerhalb der Supply Chain zu Spannungen kommen, da für einige Teilnehmer an der Supply Chain die Gewinnmaximierung das wichtigste Ziel sein kann.[26]

Auf der operativen Ebene kommen als Risikofaktoren der erfolgreichen Umsetzung Kommunikationsschwierigkeiten, unterschiedlichen Standards und mangelnde Informationsbereitstellung in Betracht.[27]

---

[24] Vgl.: Beckmann, H., Supply Chain Management - Strategien und Entwicklungstendenzen in Spitzenunternehmen, S. 17f.
[25] Vgl.: ebd.
[26] Vgl.: ebd.
[27] Vgl.: ebd.

3 Grundlagen der Radio-Frequenz-Identifikation (RFID) Technologie

Die Radio-Frequenz-Identifikation (RFID) Technologie wird von vielen Fachleuten als „Revolution" in der Identifikations-Technologie angesehen. Jedoch bringt die neue „revolutionäre" Technologie neben den Chancen auch vielen Risiken mit sich. Im Folgenden werden die Grundlagen der RFID Technologie näher erläutert, um das Verständnis für die Technologie zu verbessern.

3.1 Die RFID-Technologie

Die RFID Technologie dient zur automatischen und berührungslosen Identifikation von Objekten und Personen mittels der Funk-Technologie. Folglich kann RFID grundsätzlich dann eingesetzt werden, wenn „automatisch gekennzeichnet, erkannt, registriert, gelagert, überwacht oder transportiert werden muss"[28]. Die Aufgaben und Ziele der RFID Technologie unterscheiden sich je nach Zielsetzung und Art des Einsatzes eines RFID Systems.

3.2 Entwicklungsgeschichte von der RFID

Die Entwicklungsgeschichte der Radio-Frequency-Identification Technologie reicht bis in die 40er Jahre des 21. Jahrhunderts zurück. Während des Zweiten Weltkriegs wurden koffergroße Transponder in britischen Kampfflugzeugen eingesetzt, die den Kontakt zwischen Bodenstation und Flugzeug herstellten und zur Feinderkennung beigetragen haben. Erst in den 60er Jahren wurden RFID-Systeme im zivilen Bereich zur Diebstahlsicherung von Waren eingesetzt. Bereits in den 70er Jahren wurden RFID-Systeme zur Kennzeichnung der Zuchttiere in der Landwirtschaft eingesetzt. In den 80er und 90er Jahren wurde dann zum ersten Mal erkennbar, welches Potenzial die RFID-Technologie mit sich bringt. In dieser Zeit entwickelten mehrere Staaten, wie z.B. die USA, verschiedene RFID-Systeme als Mautsysteme im Straßenverkehr. Am Ende der 90er Jahre erkannte man schließlich, dass lediglich eine internationale

---

[28] Vgl.: Bundesamt für Sicherheit in der Informationstechnik (BSI), Risiken und Chancen des Einsatzes von RFID-Systemen, Bonn 2005, S. 13, verfügbar im Internet http://www.bsi.bund.de/fachthem/rfid/RIKCHA_barrierefrei.pdf (Letzter Zugriff: 03.07.08)

Standardisierung der RFID Systeme das volle Potenzial der Technologie ausschöpfen kann. Folglich wurde der „Electronic Product Code" (EPC) entwickelt, der eine eindeutige globale Identifizierung von Produkten standardisieren soll.[29] Die RFID Technologie gilt somit als Weiterentwicklung der Standard-Nummersysteme und des Barcode bzw. Strichcodes (Siehe Abbildung 3).

RFID steht heute heftig in der Diskussion und einige Fachleute sprechen bei dieser Technologie sogar von einer Revolution. Allerdings sind noch viele datenschutzrechtliche Fragen offen und auch die Kosten für die RFID-Systeme sind derzeit noch zu hoch, um der RFID-Technologie zum Durchbruch zu verhelfen. Dadurch steht RFID vorrausichtlich erst am Anfang seiner Entwicklungsgeschichte.

3.3 Technische Grundlagen

3.3.1 Aufbau und Funktionsweise

Ein standardisiertes RFID-System besteht grundsätzlich aus drei Komponenten. Zum einem wird ein Transponder, der auch als RFID-Tag bezeichnet wird, und eine Erfassungs- bzw. Lesegerät benötigt, das je nach Ausführung Daten nur lesen oder lesen und schreiben bzw. modifizieren kann.[30] Als grundsätzliche dritte Komponente eines RFID Systems kann die Software bzw. Middleware genannt werden, welche die Daten von den RFID-Tags über die Erfassungsgeräte in eine Datenbank integriert (siehe Abbildung 4).[31]

RFID ist durch eine große Bandbreite an Einsatzmöglichen gekennzeichnet. Dennoch sind alle RFID-Systeme durch folgende drei technische Eigenschaften gekennzeichnet:

1. Elektronische Identifikation, d.h. das RFID System kennzeichnet Objekte mittels elektronisch gespeicherter Daten

---

[29] Vgl.: RFID Journal: RFID Geschichte, http://www.rfid-journal.de/rfid-geschichte.html (Letzter Zugriff: 08.07.2008 13:06 Uhr)

[30] Vgl.: Weigert, Sebastian: Radio frequency identification (RFID) in der Automobilindustrie - Chancen, Risiken, Nutzenpotentiale, 1. Auflage, Wiesbaden 2006, S. 22

[31] Vgl.: Bundesministerium für Bildung und Forschung: RFID-Studie 2007 – Technologieintegrierte Sicherheit bei RFID-Systemen, April 2007, S.2 verfügbar im Internet www.tzi.de/fileadmin/resources/publikationen/news/RFID-Studie_Final.pdf (Zugriff: 26.5.2008)

2. Kontaktlose Datenübertragen über Funk, d.h. Objekte mit angebrachten RFID-Tags können mittels Lese- und Schreibgeräten eindeutig identifiziert werden

3. Senden auf Abruf (on call), d.h. die RFID Tags auf den Objekten senden ihre gespeicherten Daten erst dann, wenn diese
   durch ein Lesegerät abgerufen werden[32]

Die Transponder können berührungslos und ohne Sichtkontakt mit
den Lese- und Schreibgeräten kommunizieren. Technisch betrachtet
wird durch das Erfassungsgerät ein elektromagnetisches Feld er-
zeugt, indem elektromagnetische Wellen ausgesendet werden[33] Die
Kommunikation zwischen Transponder und Erfassungsgerät erfolgt
über Radiowellen. Die Frequenzbereiche für RFID-Systeme sind gesetzlich vorgeschrieben und unterscheiden sich international. Nach-
dem das Signal von dem Transponder an das Erfassungsgerät ü-
bermittel wurde, können diese in digitale Daten umgewandelt und
über eine IT Schnittstelle in eine Datenbank integriert werden. [34]

---

[32] Vgl.: Bundesamt für Sicherheit in der Informationstechnik (BSI), Risiken und
   Chancen des Einsatzes von RFID-Systemen, S.13
[33] Vgl.: Finanzkeller, K.: RFID Handbook: Fundamentals and Applications in
   Contactless Smart Cards and Identification, Second Edition, West Sussex
   2003, S. 31
[34] Vgl.: IHK-Informationen: RFID-Technologie im Handel, 2005, S. 2, verfügbar
   im Internet www.bielefeld.ihk.de/fileadmin/redakteure/starthilfe/ronsch-
   ke/Branchen/Handel/Merkblatt_RFID.pdf (Stand: 22.5.2008)

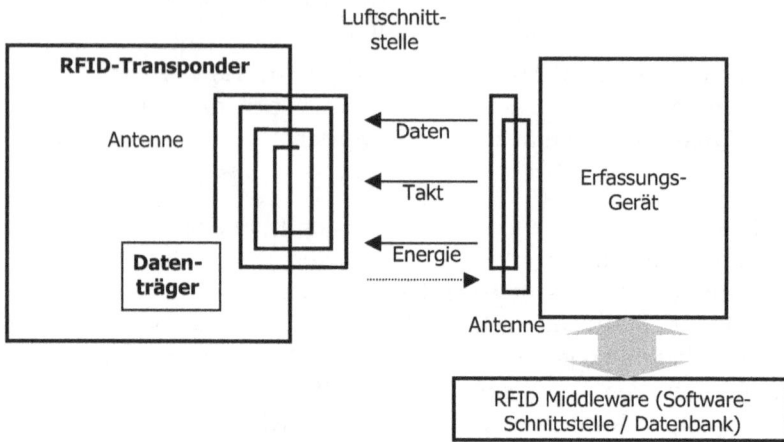

Abbildung 3: Aufbau eines RFID-Systems

Quelle: Modifiziert nach TIS: Radio Frequency Identification (RFID), verfügbar im Internet: www.tis-gdv.de/tis/verpack/rfid/rfid.htm (Letzter Zugriff: 09.07.2008)

3.3.2 Bauformen von Transpondern

RFID-Transponder werden auch als „Tag" bezeichnet und bestehen grundsätzlich aus drei verschiedenen Komponenten. Zum einen besitzt jeder RFID-Tag einen einfachen Chip mit einem einfachen Prozessor sowie eine Antenne. Zum anderen besteht jeder RFID-Tag aus einem permanenten Speicher, auf dem eindeutige Identifizierungsmerkmale gespeichert werden. Neben den Identifizierungsmerkmalen speichert solch ein RFID-Tag auch weitere Informationen über das Objekt wie z.B. Erstellungsdatum, Herkunft, Artikelnummer oder Haltbarkeitsdatum. Die Transponder können zudem entlang der Supply Chain weitere Informationen über das Objekt sammeln und speichern. Die Tags sind entweder an einem Objekt, z.B. an einer Verpackung, angebracht oder in einem Objekt, z.B. einer Chipkarte, integriert. Die Tags lassen sich durch ihre Energieversorgung und durch die Art der Kommunikation mit den Lese- und Schreibgeräten unterscheiden.[35]

---

[35] Vgl. IHK-Informationen: RFID-Technologie im Handel, S. 1

Zum einen gibt es aktive Transponder, die über eine eigene Energiequelle verfügen und somit elektromagnetische Wellen erzeugen können. Aktive Transponder werden erst dann aktiv, wenn ein Lese- oder Schreibgerät auf sie zugreift. In der Zwischenzeit befinden sich aktive Transponder im Ruhestand und sparen somit Energie.[36] Die Vorteile von aktiven Transpondern liegen in der großen Speicherkapazität und in der Wiederbeschreibbarkeit der Tags sowie in der vergleichsweiten hohen Reichweite. Nachteilig wirken sich die Kosten und die Lebensdauer der aktiven Tags aus.[37]

Zum anderen gibt es passive Transponder, die weder über eine eigene Energiequelle verfügen noch elektromagnetische Wellen erzeugen können. Passive Transponder werden beim Zugriff des Lesegerätes über Funkwellen mit Energie versorgt, weswegen Lesegeräte über eine hohe Signalstärke verfügen müssen.[38] Folglich besitzen passive Transponder eine sehr geringe Reichweite, die je nach Tag zwischen 30cm und 300cm liegen kann, sowie eine geringe Speicherkapazität. Allerdings sind passive Transponder im Vergleich zu den aktiven Transpondern sehr günstig, haben eine geringe Größe und eine nahezu unbegrenzte Lebensdauer.[39]

3.4 Abgrenzung RFID und Barcode

Mit der zunehmenden Komplexität von Supply Chains steigen auch die Anforderungen an Auto-ID Systeme (Identifikationssysteme).[40] Sowohl der bekannte und verbreitete Barcode als auch die RFID Technologie sind Identifikationssysteme und haben unterschiedliche Eigenschaften und Technologien.

3.4.1 Der Barcode

Der Barcode, der auch als Stich- oder Balkencode bekannt ist und bereits seit über 50 Jahren angewendet wird, stellt ein optisch-elektronisches Identifikationssystem dar. Das Barcode-System be-

---

36 Vgl.: Gleißner, H., Femerling, J.: Logistik – Grundlagen-Übungen-Fallbeispiele, 1. Auflage, Wiesbaden 2007, S. 214
37 Vgl.: IHK-Informationen: RFID-Technologie im Handel, S. 1
38 Vgl. Bundesamt für Sicherheit in der Informationstechnik (BSI), Risiken und Chancen des Einsatzes von RFID-Systemen, S. 27
39 Vgl. IHK-Informationen: RFID-Technologie im Handel, S. 1
40 Vgl.: Engelhardt-Nowitzki, C., Lackner, E.: Chargenverfolgung: Möglichkeiten, Grenzen und Anwendungsgebiete, 1. Auflage, Wiesbaden 2006, S. 61

steht aus einem Strich- oder Balkencode welcher von einem Lesegerät bzw. Scanner ausgelesen wird. Der Barcode wird durch die Europäische Artikelnummer (EAN bzw. EAN-Code) europaweit standardisiert. [41]

Für den Einsatz von Barcodes sprechen vor allem der weltweite Verbreitungsgrad und die Kostengünstigkeit. Die Grenzen des Einsatzes von Barcodes liegen in der Reichweite, da ein Sichtkontakt zwischen Datenträger und Lesegerät vorhanden sein muss, und in der speicherbaren Datenmenge, da der Barcode keine Daten speichert und die Möglichkeit zur Datenergänzung bzw. Wiederbeschreibbarkeit gänzlich fehlt. Zudem ist der Barcode sehr anfällig für Verschmutzungen und wird schnell unlesbar. [42]

3.4.2 RFID im Vergleich zum Barcode

Die RFID-Technologie und der Barcode haben unterschiedliche Eigenschaften, womit sich die Möglichkeiten des Einsatzes von RFID oder Barcode unterscheiden. Im Folgenden werden einige der Unterschiede der beiden Technologien aufgelistet:

Bei der Barcode-Technologie ist ein Sichtkontakt zwischen Scanner und Barcode erforderlich, damit der Scanner die Informationen lesen kann. Im Gegensatz zum Barcode ist bei RFID kein Sichtkontakt erforderlich, um Daten zu empfangen. Zudem muss die Oberfläche, auf der ein Barcode angebracht wird, geeignet sein. Ist zum Beispiel ein Barcode auf einer durchsichtigen Oberfläche angebracht, so kann der Barcode nicht ausgelesen werden. Zudem ist der Barcode orientierungsabhängig, da es sowohl 1D-Barcodes, die in einer quer zu dem Strichcode verlaufenden Linie gelesen werden müssen, als auch 2D-Barcodes, bei denen der Scanner senkrecht zum Barcode gehalten werden muss. RFID-Tags bereiten diese Probleme nicht und können abhängig von der Reichweite in jeder Position ausgelesen werden.[43]

---

[41] Vgl.: Werner, H.: Supply Chain Management: Grundlagen, Strategien, Instrumente und Controlling, 2. Auflage, Wiesbaden 2002, S. 205

[42] Vgl. Engelhardt-Nowitzki 2006, S. 61

[43] Vlg.: IT Wissen – Grosses Online-Lexikon für Informationstechnologie: Strichcode, verfügbar im Internet http://www.itwissen.info/definition/lexikon/Strichcode-bar-code.html (Letzter Zugriff: 28.05.2008 16:14 Uhr)

Weiterhin ist die Speicherkapazität ein entscheidendes Unterscheidungsmerkmal zwischen RFID und Barcode. Auch wenn 2D-Barcodes bereits eine deutlich höhere Speicherkapazität haben als 1D-Barcodes[44], können RFID Tags eine bedeutend größere Menge an Daten speichern. [45]

Der Barcode erfordert, wie bereits beschrieben, einen Sichtkontakt zwischen Scanner und Barcode. RFID-Tags hingegen haben eine gewisse Lesereichweite, in der das Lese- und Schreibgerät die Daten vom Tag empfangen und lesen kann. Dabei kommt es auf die Frequenzbereiche der RFID Tags an. Liegt die Lesereichweite bei einer Niedrigfrequenz, so können bei niedriger Lesegeschwindigkeit bis zu einem Abstand von 1,2 m Daten ausgelesen werden. Bei einer Mikrowellen-Frequenz hingegen können bei sehr hohen Lesegeschwindigkeiten sogar Daten bis zu 15m ausgelesen werden. [46]

Barcodes werden gedruckt und sind danach nicht mehr modifizierbar. RFID-Tags hingegen sind widerbeschreibbar und sehr modifizierbar.

Die geringe Speicherkapazität von Barcodes kann erfordern, dass mehrere Objekte unter einem Barcode zusammengefasst werden müssen. Dies ist bei der RFID-Technologie durch die hohe Speicherkapazität nicht notwendig. Barcodes können keinen Kontakt zum Scanner herstellen. Aktive RFID Tags hingegen können von sich aus Kontakt zum Lesegerät aufnehmen. Die Herstellungskosten für 1D und 2D Barcodes sind vergleichsweise äußerst gering. RFID-Tags sind hingegen auch heute noch, trotz fallender Preise, sehr teuer.[47]

---

[44] Vgl.: ITML Lösungen für SAP Produkte: Fehlerfreie Datenerfassung durch Verwendung zweidimensionaler Barcode, verfügbar im Internet http://www.itml.de/portal/fokus_scm_feb06,5511.html (Letzter Zugriff: 09.07.2008 22:20 Uhr)

[45] Vgl.: Duscha, A.: RFID und Barcode – Ein Vergleich, verfügbar im Internet http://www.hagen.ihk.de/inhalte/themen/innovation/Multimedia_und_ E-Business_in_Suedwestfalen/ECC_Handel_in_Kooperation_mit_SIHK/ 060523_RFID/vergleich.pdf (Zugriff 29.5.2008 21:38 Uhr)

[46] Vgl.: Bundesamt für Sicherheit in der Informationstechnik (BSI), Risiken und Chancen des Einsatzes von RFID-Systemen, S. 25

[47] Vgl.: Unruh, V.: Barcode oder RFID – die Datenmenge macht den Unterschied, Stand 09.05.2008 , verfügbar im Internet http://www.maschinenmarkt.vogel.de/themenkanaele/mmlogistik/managementundit/autoid/articles/120915/index2.html (Letzter Zugriff: 09.07.2008 22:37 Uhr)

4 Integration von RFID im SCM

4.1 Bedeutung von RFID im SCM

Die große Bedeutung der RFID-Technologie im Supply Chain Management leitet sich von den gestiegenen Anforderungen der modernen Supply Chains ab. Die Wertschöpfungsketten sind heute komplexer denn je und erfordern Prozessoptimierungen an mehreren Stellen des Supply Chain Managements. Die derzeitigen Identifikationstechniken wie der Barcode erfordern zahlreiche manuelle Prozesse, die grundsätzlich deutlich fehleranfälliger sind als automatische Prozessabläufe. RIFD bietet im Supply Chain Management ein großes Optimierungspotenzial, mit dem die Herausforderungen der heutigen Supply Chains optimaler zu bewältigten sind. In den folgenden Kapiteln werden die theoretischen Einsatzmöglichkeiten von RFID im SCM erläutert und sowohl das theoretische Optimierungspotenzial als auch die Kosten für den Einsatz dargestellt.

4.2 Einsatzmöglichkeiten von RFID im SCM

4.2.1 Warenlieferung im Markt

RFID ermöglicht die vollautomatische Erfassung aller Produkte, die in einem Verbrauchermarkt angeliefert werden. Dabei kann die automatische Erfassung im Pulk erfolgen, d.h. mehrere Waren können gleichzeitig und ohne Sicht- oder Berührungskontakt eines Lesegeräts erfasst werden. Durch die vollautomatische Pulkerfassung der angelieferten Waren entfallen die zeitaufwendigen und fehleranfälligen manuellen Zähl-, Such- und Sortierprozesse. Darüber hinaus erfolgt beim Wareneingang ein automatischer Abgleich der Bestell- und Lieferdaten sowie die automatische Erstellung einer Warenempfangsbestätigung und eine artikelgenaue Wareneingangsbuchung.[48]

4.2.2 Lagermanagement

Ein großer Fortschritt mittels RFID kann im Lagermanagement erreicht werden. Durch die RFID-Erfassung ist das Lager- und Warenflusssystem durchgängig auf dem aktuellen Stand, an welchen La-

---

[48] Vgl.: IHK-Informationen: RFID-Technologie im Handel, S. 4

gerort, welche Anzahl und teilweise auch im welchen Zustand (z.B. Mindesthaltbarkeitsdatum, Kühlprodukte) sich die Waren befinden. Out-of-Stock Situationen können damit bereits im Lagermanagement vermieden werden und zeitaufwändige Suchprozesse entfallen. Intelligente Regale mit installierten RFID-Lesegeräten können den Empfang der Waren automatisch registrieren. Die Qualitätssicherung kann durch diese intelligenten Regale deutlich verbessert werden, indem eine automatische Entnahme der verderblichen Waren bei Ablauf der Haltbarkeit erfolgt. Darüber hinaus können die intelligenten Regale den Zustand, wie z.B. die Warentemperatur, stetig messen und kontrollieren, was ebenfalls zur Qualitätssicherung beiträgt.[49]

Unnötige und kostenintensive hohe Lagerbestände können mittels der RFID Technologie abgebaut und damit die Lagerkosten reduziert werden. Auch der Warenein- und -ausgang wird effizienter durch den Einsatz von RFID. Ähnlich wie beim Warenein- und -ausgang im Verbrauchermarkt können die Waren vollautomatisch im Pulk erfasst werden, was sowohl die Durchlaufzeiten als auch den benötigten personellen Aufwand reduziert.[50]

4.2.3 Tags auf Produkten

RFID findet auch Anwendung am Ende der Supply Chain, beim Endkunden, wenn z.B. RFID-Tags auf CDs und DVDs angebracht werden. Sie ermöglichen dem Kunden kostenlose Hör- und Sehproben an extra dafür installierten Terminals, wodurch das „Einkaufserlebnis" des Kunden erheblich gesteigert wird.[51] Diese Anwendung ist auch bei anderen Produkten denkbar wie z.B. bei Parfüm oder Lebensmittel. Grenzen sind hierbei nur bei der Umsetzung bzw. Realisierung an den Terminals gesetzt.

4.2.4 Bezahlung von Waren

Der Vorgang der Bezahlung von Waren an der Kasse kann sich durch den Einsatz von RFID erheblich verändern. So kann bereits während des Einkaufs der Inhalt des Einkaufswagens durchweg

---

[49] Vgl.: Bundesministerium für Bildung und Forschung: RFID-Studie 2007 – Technologieintegrierte Sicherheit bei RFID-Systemen, S. 83
[50] Vgl.: ebd.
[51] Vgl.: ebd.

von einem an dem Einkaufswagen angebrachten RFID-Lesegerät erfasst und der aktuelle Rechnungsbetrag dem Kunden angezeigt werden. An der Kasse kann mittels Pulkerfassung der endgültige Rechnungsbetrag ermittelt werden. Durch diesen Vorgang kann sowohl die Durchlaufzeit an der Kasse reduziert als auch der personelle Aufwand bzw. die Personalkosten gesenkt werden.[52]

4.2.5 Warenrückverfolgung

Waren können durch angebrachte RFID Tags eindeutig identifiziert werden, wodurch eine Rückverfolgung der gesamten Supply Chain ermöglicht wird. „Jede Station entlang der Wertschöpfungskette hinterlegt auf dem Transponder relevante Daten und Informationen (z. B. Erleichterung der gesetzlich verankerten Rückverfolgbarkeit und Organisation des Rückrufs von Lebensmitteln und deren Inhaltsstoffen entsprechend den gesetzlichen Vorgaben in der EU-Verordnung 178/2002 Art. 18 und 19, im Gesetz zur Neuordnung des Lebens- und Futtermittelrechts (u.a. § 45), im Geräte- und Produktsicherheitsgesetz (§ 5) und im Produkthaftungsgesetz)."[53] Dadurch lässt sich die Herkunft von Produkten besser Nachverfolgen und der Schutz vor Plagiaten wird erhöht. Auch Prozesse wie Garantieansprüche, Umtausch und Rückerstattungen können durch RFID erleichtert und kundenfreundlicher gestaltet werden.[54]

4.2.6 Mehrwegsysteme

Mehrwegsysteme wie z.B. Getränkekästen benötigen einen hohen Zeit- und Personalaufwand. RFID kann solche Prozesse effizienter und kostengünstiger gestalten. Durch die vollautomatische Identifizierung und die Möglichkeit der Pulkerfassung kann sowohl der Zeitaufwand als auch der Personalaufwand reduziert werden. Durch RFID kann zudem eine Standardisierung der Pfandrückgabe erfolgen und die vielen unterschiedlichen Pfand-Rückgabe-Systeme von heute abgeschafft werden.[55]

---

[52] Vgl.: IHK-Informationen: RFID-Technologie im Handel, S. 4
[53] IHK-Informationen: RFID-Technologie im Handel, S. 4
[54] Vg.: IHK-Informationen: RFID-Technologie im Handel, S. 4
[55] Vgl.: FIM der VLB Berlin: Studie Prüfung der Optimierungsmöglichkeiten des Mehrwegsystems in kleineren und mittleren Unternehmen des Getränkehandels, S. 74ff., verfügbar im Internet: www.transpondertechnikum.de/FIM-TKZ-Datenbank/pdf/VLB-

4.2.7 Diebstahlsicherung

Das RFID fand schon recht früh die Anwendung in der Diebstahlsicherung von Artikeln. RFID-Tags müssen dabei an der Kasse deaktiviert werden. Werden diese Tags nicht deaktiviert, so ertönt von einem an dem Geschäftsausgang platzierten Lesegerät ein Warnsignal. Auf diesen Weise werden heute insbesondere in der Bekleidungsindustrie Waren vor Diebstahl gesichert. [56]

4.3 Kosten des Einsatzes

Die Kosten für den RFID Einsatz im Supply Chain Management variieren je nach Unternehmen und nach den Anforderungen an das RFID System. Aus diesem Grund analysieren die Unternehmen vor der Entscheidung für die Einführung oder den Start eines Pilotprojekts das Kosten-Nutzen-Potenzial von RFID. Dazu können RFID-Kalkulatoren z.B. von der GS1 Germany und IBM genutzt werden, die bei der Berechnung des Kosten-Nutzen-Potenzials von RFID individuell auf das Unternehmen eingehen. Der wesentliche Vorteil solcher RFID-Kalkulatoren ist, dass in diesen ein großes Pensum an Erfahrungen eingebracht ist. [57]

Der Nutzen solcher RFID-Kalkulatoren mit Erfahrungswerten wird schnell ersichtlich, wenn man die ersten Schritte zur Kostenplanung eines RFID Einsatzes durchführt. Die Kosten eines RFID-Systems sind individuell von den Anforderungen eines Unternehmens abhängig. Deswegen ist eine pauschale Darstellung der Kosten für ein RFID System keine Grundlage für eine Kostenplanung. Grundsätzlich benötigen Unternehmen für ein komplettes RFID System Transponder, Lesegeräte und eine Datenbank.[58] Allerdings sind die Kosten von der Art und Anzahl der Transponder und Lesegeräte abhängig.

Studie%20RFID%20im%20GFGH%20_%20Sich%20.pdf (Letzter Zugriff: 03.07.2008 22:09 Uhr)

[56] Vgl.: Arndt, H.: Supply Chain Management – Optimierung logistischer Prozesse, 4. Auflage, Wiesbaden 2008, S. 189f.

[57] Vgl.: Vogell, K.: Neuer RFID-Kalkulator für individuelle Kosten-Nutzen-Bewertung, GS1 Magazin 2/2005, verfügbar im Internet: www.gs1-germany.de/content/e39/e56/e552/e295/datei/22005/c205_07.pdf

[58] Vgl.: RFID Journal: RFID Kosten, verfügbar im Internet: http://www.rfid-journal.de/rfid-kosten.html (letzter Zugriff: 09.07.2008 22:56 Uhr)

Pauschal betrachtet fallen bei Anschaffung eines RFID System folgende Kosten an:

> „Transponder   0,30 - 35 Euro / Stk.

> Lesegeräte   50 - 5.000 Euro / Stk.

> Antennen und Multiplexer   15 - 300 Euro / Stk.

> Controller   500 - 2.000 Euro / Stk.

> Kabel   7 Euro / m"[59]

Neben den Kosten für das technische Equipment entstehen weitere Kosten für Anpassung, Software, Integration, Instandhaltung und Schulungen. Diese Kosten können aber nicht pauschal beziffert werden und hängen von einzelnen Faktoren wie dem Know-how bzw. den Erfahrungswerten der Unternehmen mit RFID ab.[60]

Insbesondere die Transponderkosten sind immens abhängig von der Bestellmenge. So liegen die Kosten für passive Transponder, die nur einmal verwendet und vom Endkunden letztlich zerstört oder entsorgt werden, bei etwa 0,5-1 Euro bei einer Bestellmenge von 10.000 Stück, während die Stückkosten auf 0,05 Euro und tiefer fallen können bei einer Bestellmenge von einer Milliarde bis 10 Milliarden.[61] Allerdings sind diese Bestellmengen bzw. Auflagen bis heute noch nicht erreicht worden, so dass die Transponderkosten je nach Unternehmen und benötigter Anzahl an Transpondern sehr hoch sein können. Ob sich der Einsatz von RFID für ein Unternehmen lohnt, ist folglich von der Größe des RFID-Systems und den Anforderungen und Erwartungen des Unternehmens abhängig.

4.4 Optimierungspotenziale

In der Vergangenheit wurden Optimierungen der Supply Chain meistens auf Restrukturierungen innerhalb des Unternehmens beschränkt. Eine unternehmensübergreifende Sicht der Supply Chain

---

[59] RFID Basis: Kosten von RFID-Systemen, verfügbar im Internet: http://www.rfid-basis.de/print/kosten.html (Letzter Zugriff: 24.06.2008 16:47 Uhr)
[60] Vgl.: ebd.
[61] Vgl.: RFID Journal: RFID Kosten

und ein unternehmensübergreifendes Prozesskettenmanagement waren nicht vorhanden. In der Folge davon entstanden ineffiziente Organisationsstrukturen. Die Konsequenzen dieser ineffizienten Organisationsstrukturen sind Ressourcenverschwendung und Verzögerungen entlang der gesamten Supply Chain. Die Ressourcenverschwendung in Form von zu hohen Beständen resultieren in zu hohen und steigenden Kapitalbindungs- und Lagerkosten. Darüber hinaus sind Wertverluste und Qualitätsprobleme Folgen dieser Ressourcenverschwendung. Die Verzögerungen und die daraus resultierenden hohen Durchlaufzeiten verhindern zudem schnelles bzw. kurzfristiges Handeln als Reaktion auf marktseitige Veränderungen und Störungen.

Die Ursachen solcher Probleme in heutigen komplexen Supply Chains sind insbesondere die mangelnde Ressourcenplanung, die mangelnde „Ziele" Abstimmung bzw. der Bullwhip-Effekt (wird im Kapitel 6.1.1 erläutert), die fehlende Überwachung kritischer Prozesszustände und die Informationsqualität.[62]

---

[62] Vgl.: Merkel, H.: Future Supply Chain Design, Vorlesung Uni Mannheim, 2005, S. 10

Informationsdefizite verursachen Verzögerungen

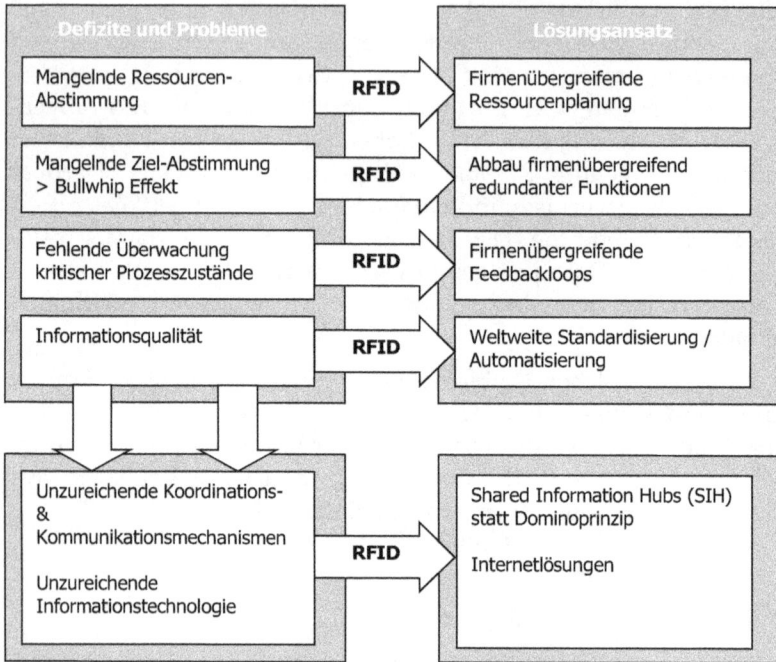

Defizite und Probleme		Lösungsansatz
Mangelnde Ressourcen-Abstimmung	RFID	Firmenübergreifende Ressourcenplanung
Mangelnde Ziel-Abstimmung > Bullwhip Effekt	RFID	Abbau firmenübergreifend redundanter Funktionen
Fehlende Überwachung kritischer Prozesszustände	RFID	Firmenübergreifende Feedbackloops
Informationsqualität	RFID	Weltweite Standardisierung / Automatisierung
Unzureichende Koordinations- & Kommunikationsmechanismen Unzureichende Informationstechnologie	RFID	Shared Information Hubs (SIH) statt Dominoprinzip Internetlösungen

Abbildung 4: Ursachen für Verzögerungen in komplexen Netzwerken

Quelle: Modifiziert nach Merkel, H.: Future Supply Chain Design, Präsentation Vorlesung Uni Mannheim, 2005, Seite 10

Moderne Informations- und Telekommunikationstechnologien bieten heutzutage die Möglichkeit zur Restrukturierung und Optimierung der Geschäftsprozesse und der Abstimmungsverfahren zwischen allen Beteiligten der Supply Chain. Bei dem modernen ganzheitlichen SCM kommt es auf die Überwindung des informatorischen Dominoprinzips an (siehe Abbildung 4: Ursachen für Verzögerungen in komplexen Netzwerken). Das informatorische Dominoprinzip definiert das Problem vieler komplexer Supply Chains, dass die Beteiligten der Supply Chain häufig auf Basis unterschiedlicher Daten planen und steuern und kein Datenaustausch unter den Akteuren der Supply Chain stattfindet. Sogenannte „Shared Information Hubs" (SIH) sollen diese Probleme lösen und allen Akteuren die selben Daten in Echtzeit zur Verfügung stellen (Siehe Abbildung 5).[63]

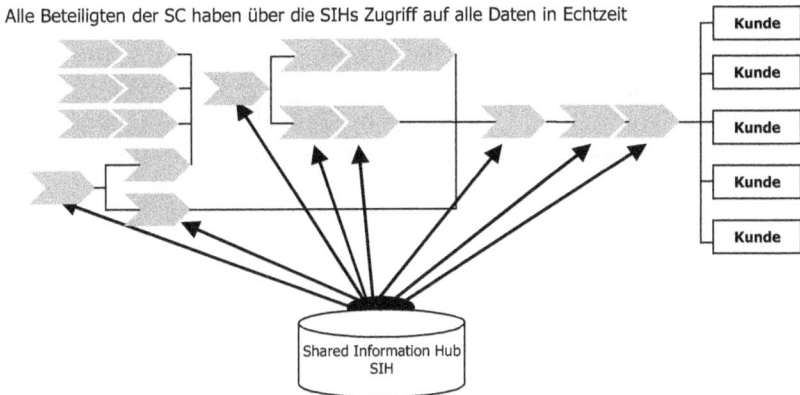

Alle Beteiligten der SC haben über die SIHs Zugriff auf alle Daten in Echtzeit

Abbildung 5: Shared Information Hubs (SIH)

Quelle: Modifiziert nach Merkel, H.: Future Supply Chain Design, Präsentation Vorlesung Uni Mannheim, 2005, Seite 12

Die RFID-Technologie kann als wesentliche Basis für die SIH gelten und die Qualität der zur Verfügung gestellten Informationen optimieren. Durch die automatisierte Identifikation können Daten automatisch und in Echtzeit den verschiedenen Akteuren der Supply Chain zur Verfügung gestellt werden. In Folge dessen bieten sich durch die RFID-Technologie auch die Möglichkeiten der Automatisierung von Folgeprozessen und der Rationalisierung von massenhaft anfallenden Planungs- und Steuerungsprozessen. Durch die automatische Informationsbereitstellung mittels der RFID-Technologie und den SIH werden Verzögerungen bei der Informationsbereitstellung verhindert. Auch menschliche Probleme, z.B. die fehlerhafte Bereitstellung oder die bewusste Zurückhaltung von Informationen, kann mit der RFID-Technologie verhindert werden. [64]

---

[63] Vgl.: ebd.
[64] Vgl.: Hodel, D., Süß, T.: Chancen und Voraussetzungen der Supply Chain-Optimierung durch RFID, Sonderdruck zur GS1-Fachkonferenz, Bonn, 6. Dezember 2007, verfügbar im Internet: http://imc-

Die RFID-Technologie bietet mittels der Automatisierung zudem die Basis zum Management by Exception. Beim Management by Exception wird nur dann steuernd in die Supply Chain eingegriffen, wenn unverhergesehende Ereignisse eintreten.[65] Eine unternehmensübergreifende Prozessüberwachung wird somit durch die RFID-Technologie realisiert. Das Optimierungspotenzial der RFID Technologie als Instrument innerhalb des Supply Chain Managements wird somit in der Theorie recht deutlich. Das praxisorientierte Optimierungspotenzial wird in Kapitel 6 näher analysiert.

---

ag.de/downloads/Chancen_und_Voraussetzungen_der_Supply_Chain-Optimierung_durch_RFID-DH-1207.pdf

[65] Vgl.: ebd.

5 Anwendungsbeispiele von RFID im SCM aus der Praxis

Die RFID Technologie wird bereits in vielen Bereichen der Wirtschaft getestet und aktiv verwendet. Einige der großen Unternehmen haben bereits ihre Testphasen mit RFID abgeschlossen und befinden sich in der Phase der flächendeckenden Einführung. Dieses Kapitel geht auf Praxisbeispiele und Pilotprojekte in den Wirtschaftsbereichen Handel, Logistik und Industrie ein und wird diese näher erläutern.

5.1 Fallbeispiele Handel

5.1.1 Metro Group

Die RFID Technologie ist bereits vor einigen Jahren bei den Handelskonzernen auf Aufmerksamkeit gestoßen und hat bei der Metro AG Interesse geweckt. Die Metro Group setzt daher die RFID-Technologie nach und nach entlang der Supply Chain ein. Auch einige Partner der Metro Group wie z.B. Procter & Gamble, Henkel und Johnson & Johnson statten ihre Paletten mit RFID-Tags aus, wodurch die Prozesse am Warenein- und –ausgang mit einer Zeitersparnis von bis zu 80 Prozent verbessert werden konnten. Zudem konnten Out-of-Stock Situationen (Bestandslücken) vermieden und die Lagerkosten reduziert werden, da die Mitarbeiter stets über die Warenbestände informiert sind und nachbestellen können. Darüber hinaus lagen laut Metro die Prozesserfolgsraten bei mehr als 90 Prozent.[66]

Als eines der großen RFID-Projekte bei der Metro Group gilt der Real Future Store im nordrhein-westfälischen Rheinberg. Der Future Store ist eine Initiative der Metro Group, SAP, Intel und IBM. Im Future Store ist ein „vollständig integriertes System in den Bereichen Lagermanagement, Information und Kasse umgesetzt"[67] worden. Ziel des Future Stores ist die Erforschung und Forcierung des Strukturwandels im Einzelhandel. Zudem soll das zukünftige Einkaufserlebnis im Markt untersucht werden.

---

[66] Vgl.: Metro AG: RFID – Schlüsseltechnologie im Handel, Dokument nicht mehr im Internet verfügbar, PDF-Version befindet sich dieser Untersuchung beifügten CD: off-Presse-Pressemat-Hintergrundinfos-RFID_05-12-21.pdf

[67] Bundesamt für Sicherheit in der Informationstechnik (BSI), Risiken und Chancen des Einsatzes von RFID-Systemen, S. 79

Zentrallager:
Anbringer der RFID-Tags an Paletten und Kartons

→ **Einbuchung ins System mit Zeitstempel**

Verladung auf LKW:
Ware passiert RFID-Reader (Gates)

→ **Status „unterwegs in Lkw zum Zielstore"**

Wareneingang Future-Store: Ware passiere RFID-Reader, Zwischenlagerung

→ **Status „im Lager erhalten"**

Verkaufsraum:
Ware passiert RFID-Reader, Einsortieren in Regale

→ **Status „Ware im Verkaufsraum"**

Warenfluss-system

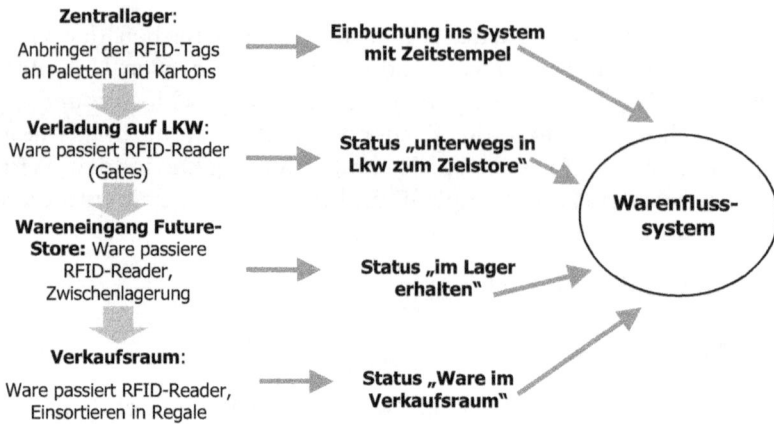

Abbildung 6: Warenverfolgung mit RFID bei der Metro Group

Quelle: Modifiziert nach Wannenwetsch, H.: Vernetztes Supply Chain Management: SCM-Integration über die gesamte Wertschöpfungskette, Heidelberg 2005, S.335

Außerdem sollen einheitliche internationale Standards für den Handel entwickelt werden und den Supermarkt drahtlos vernetzen. Im Future Store wird die manuelle Barcode-Erfassung durch die elektronische Erfassung im Einkaufswagen ersetzt. Die Waren im Einkaufswagen werden durchgehend automatisch erfasst und automatisch an den Zentralrechner übermittelt, der alle Daten verwaltet und auf den alle Beteiligte der Supply Chain (Handel, Zentraleinkauf, Warenlager, Zwischenhändler und Hersteller) Zugriff haben. Vom Zentralrechner werden die Daten an das Zahlungssystem weitergeleitet.

Der Kunde kann an „Selbstzahlerkassen" seine Waren über einen 360-Grad-Scanner ziehen und somit die Preise ermitteln und bezahlen.[68]

Die Metro AG besitzt seit 2004 ein eigenes RFID Innovation Center in Neuss bei Düsseldorf, in dem die Partner der Metro AG ihre Produkte unter reellen Bedingungen an mehr als 40 Anlagen testen

---

[68] Vgl.: Metro AG: RFID – Schlüsseltechnologie im Handel

können. Dabei wurde der Schwerpunkt der RFID-Forschung insbesondere auf das Lagermanagement und auf die Kommissionierung gelegt. Darüber hinaus wird in dem Innovation Center das zukünftige „Einkaufserlebnis" erforscht, z.B. ein intelligenter Kühlschrank, der nicht nur eigenständig Einkaufslisten erstellt sondern auch automatisch Bestellungen über das Internet aufgeben kann. Beim Besuch im Verbrauchermarkt kann der Kunde dann diese Bestellung aufrufen und sich an einen persönlichen Einkaufsberater wenden.[69]

Auf der CeBIT 2008 in Hannover hat die Metro Group verkündet, dass sie den Einsatz von RFID in der Supply Chain auf weitere 200 Standorte der Vertriebsmarke „Real" und „Metro Cash & Carry" in Frankreich ausweitet. Industriepartner der Metro Group können sich zudem ab Mitte 2008 über das Online-Lieferantenportal „Metro Link" über ihren Warenfluss informieren. [70]

5.1.2 Wal-Mart

Der amerikanische Handelkonzern Wal-Mart hat bereits im Jahr 2004 mit dem Test der RFID-Technologie für seine Supply Chain begonnen. Im amerikanischen Bundesstaat Texas wurde die Technologie anfänglich in sieben Stores und einem Distributions-Center eingesetzt.[71] Bei diesem Testlauf wurden die Paletten und Kisten für 21 Produkte von acht Lieferanten mit RFID-Tags ausgestattet und über das Distributions-Center auf die Stores verteilt. Laut Wal-Mart verlief dieser Testlauf sehr erfolgreich und es wurden keine Fehler festgestellt. [72]

Seit 2007 setzt Wal-Mart die RFID-Technologie verstärkt in der eigenen Handelskette „Sam's Club Warehouse" ein, die auf die Promotion von einzelnen Produkten in kurzen Zeitabständen speziali-

---

[69] Vgl.: ebd.
[70] Vgl.: Metro AG: Metro Group weitet RFID-Einsatz nach Europa aus, verfügbar im Internet: http://www.metrogroup.de/servlet/PB/menu/1155070_l1/index.html (Letzter Zugriff: 29.05.2008 22:12 Uhr)
[71] Vgl.: Pruitt, S.: Wal-Mart begins RFID trial in Texas, Stand 30.04.2004, verfügbar im Internet: http://www.computerworld.com/mobile-topics/mobile/technology/story/0,10801,92806,00.html (Letzter Zugriff: 29.05.2008 23:51 Uhr)
[72] Vgl.: Computerwoche.de: Wal-Mart treibt RFID-Nutzung voran, Stand 19.05.2004, verfügbar im Internet: http://www.computerwoche.de/546638 (Letzter Zugriff: 30.05.2008 19:38 Uhr)

siert ist. Mittels der RFID-Technik konnten Out-of-Stock Situationen vermieden und die Verfügbarkeit der Artikel um bis zu 38 Prozent gesteigert werden. Seit Anfang Januar 2008 müssen rund 700 Zulieferer von Wal-Mart eine Gebühr von rund 2 US-Dollar bezahlen, wenn ihre Paletten nicht mit RFID-Tags ausgestattet sind. Wal-Mart hatte dies mit einem Brief an seine 700 Zulieferer mitgeteilt und will auf diesem Wege die Kosten für das Ausstatten der Paletten mit eigenen RFID-Tags ausgleichen. Zudem soll ein gewisses Prämiensystem eingeführt werden. Damit soll das Ausstatten von einzelnen Kartons und bestimmten Artikeln mit RFID-Tags (Item-tagging) gefördert werden. Die Reaktion auf das Vorgehen von Wal-Mart wurde von den Zulieferern durchwachsen aufgenommen und stellte zahlreiche Zulieferer vor das Problem, das sie in der kurzen Zeit ihre Logistik nicht auf RFID umstellen konnten.[73]

5.2 Fallbeispiel Logistik

5.2.1 Deutsche Post

Im Jahre 2005 hat die Deutsche Post und DHL ein Pilotprojekt mit mehreren Industrieunternehmen und Fraunhoferinstituten gestartet, um eine innovative RFID Lösung zu entwickeln.[74] Hauptgrund für das Pilotprojekt waren Umweltschutzbedenken bei der Verwendung von Papier-Tags.[75] Die deutsche Post verwendet derzeit ausschließlich Papier-Tags zur Kennzeichnung von Objekten, von denen jährlich etwa 570 Mio. Tags nach dem erfolgreichen Versand entsorgt werden.[76] Bei dem Pilotprojekt werden RFID Tags entwickelt, die aus energiesparenden und biegsamen Displayeinheiten

---

[73] Vgl.: Monse: RFID: Wal-Mart ist zurück und einige andere auch, Stand 22.01.2008, verfügbar im Internet: http://www.ecin.de/blog/node/313/print (Letzter Zugriff: 29.05.2008 23:45 Uhr)

[74] Vgl.: Deutsche Post: Deutsche Post startet Pilotprojekt für neuartige RFID-Etiketten, Stand 10.10.2005, verfügbar im Internet: http://www.mylogistics.net/de/news/themen/key/news383162/jsp (Letzter Zugriff: 29.05.2008 23:38 Uhr)

[75] Vgl.: Wessel, R.: Environmental Concerns lead Deutsche Post to RFID, Stand 20.12.2006, verfügbar im Internet: http://www.rfidjournal.com/article/articleprint/2912/-1/1 (Letzter Zugriff: 29.05.2008 23:38 Uhr)

[76] Vgl.: Stepanek, M.: Deutsche Post stellt bei Briefzustellung auf RFID um, Stand 11.10.2006, verfügbar im Internet: http://www.innovationsreport.de/html/berichte/informationstechnologie/bericht-71864.html

bestehen sollen, die die Objektinformationen anzeigen.[77] Diese neu-artigen Tags haben den Vorteil, dass sie über Jahre hinweg genutzt werden können und die Papieretiketten, die nur einmal verwendet werden können, ersetzen können.[78] Im Jahr 2008 läuft das Pilotpro-jekt der Deutschen Post aus. Es wird sich zeigen, wie erfolgreich und wirtschaftlich der Einsatz der neuen so genannten DRFID Tags sein wird.

Im Vergleich zur Deutschen Post wird die Österreichische Post bei der Barcode-Technologie bleiben, da sich ein RFID Einsatz für die Österreichische Post nicht rentieren würde. [79]

5.3 Fallbeispiele Industrie

5.3.1 Automobilindustrie

Die RFID Technologie ist bereits seit einigen Jahren in der Automo-bilbranche vertreten. Allerdings fällt die Bilanz der bisherigen Pilot-projekte eher unterschiedlich aus. Während die großen Automobil-konzerne wie Daimler, BMW oder VW deutliche Einsparungen in den Bereichen Behältermanagement und After-Sales Services wie Ersatzteilmanagement oder Garantieansprüchen erzielen konnten, klagen die Zulieferer über zu hohe Kosten und negative Return-of-Investments (ROI) im Zusammenhang mit RFID. Den größten Vor-teil haben die Unternehmen in dem Bereich Behältermanagement. Laut einem Fallbeispiel in einer Studie von Sereon „hatte ein Unter-nehmen mehr als 5.000 Behälter mit Transpondern ausgestattet. Die Behälter werden auf dem Betriebsgelände zum Transport von Bau-teilen eingesetzt und zirkulieren werksintern."[80] In der Studie von Sereon zeigte sich, dass die Zulieferbetriebe auch in den kommen-den Jahren keinen positiven ROI erzielen können. Zudem erzielen die Zulieferer nur sehr geringe Einsparungen, da sie RFID nur zur Warenkennzeichnung einsetzen aufgrund der hohen Transponder-kosten. Aus diesem Grund hat es noch keinen Durchbruch der

---

[77] Vgl.: Deutsche Post 2005
[78] Vgl.: Stepanek, M.: Deutsche Post stellt bei Briefzustellung auf RFID um
[79] Vgl.: ebd.
[80] Friedrich, D.: Gemischte Bilanz für RFID in der Automobilindustrie, CIO Online, verfügbar im Internet: http://www.cio.de/news/807960/in-dex.html (Letzter Zugriff: 29.05.2008 23:54 Uhr)

Technologie in der Automobilbranche gegeben, da die Zulieferer keinen Mehrwert erfahren durch RFID.[81]

Zudem leidet die Automobilindustrie, so wie auch andere Branchen, unter der mangelnden Standardisierung der RFID-Technologie. Dies erschwert den weltweiten Einsatz der Technologie. Der Daimler Konzern ist als einer der ersten in die Standardisierungsorganisation EPCglobal eingetreten, um einen weiteren Schritt in Richtung weltweiten RFID-Einsatz zu machen. „Das Netzwerk von EPCglobal biete Daimler dabei eine geeignete Plattform, denn die entwickelten Lösungen ermöglichen mehr als eintausend Mitgliedern aus den Bereichen Logistik, Luftfahrt, Verteidigung, Chemie, Pharma, Konsumgüter, Handel, Bekleidung sowie Soft- und Hardwareindustrie branchenübergreifende und internationale Nutzbarkeit."[82]

Die drei großen Konzerne SAP, Siemens und Intel haben sich 2005 zusammengeschlossen, um speziell abgestimmte RFID-Systeme den Automobilkonzernen anbieten zu können. Bei diesem gemeinsamen Projekt entwickelt die SAP die Software für die Datenerfassung und Intel entwickelt die neuen RFID Prozessoren. Siemens hat sich bei diesem Projekt zur Aufgabe gemacht, die notwendige Anpassung von Software und RFID Tags vorzunehmen. Durch den Zusammenschluss soll ein optimales RFID-System für die gesamte Automobilindustrie entwickelt werden.[83]

---

[81] Vgl.: ECIN: RFID in der Automobilindustrie, Stand 17.02.2005, verfügbar im Internet: http://www.ecin.de/news/2005/02/17/08003 (Letzter Zugriff: 29.05.2008 23:53 Uhr)

[82] Voigt, S.: Daimler setzt auf RFID-Standards, Logistik Inside, Stand 16.11.2007, verfügbar im Internet: http://www.logistik-inside.de/sixcms/detail.php?id=593930&templ (Letzter Zugriff: 29.05.2008 23:59 Uhr)

[83] Vgl.: Silicon: RFID im Automobil lockt die Schwergewichte, Stand 04.05.2005, verfügbar im Internet: http://www.silicon.de/software/it-services/0,39039005,39175420,00/rfid+im+automobil+lockt+die+schwerge-wichte.htm (Letzter Zugriff: 29.05.2008 23:54 Uhr)

6 Analyse der Auswirkungen des Einsatzes von RFID im SCM

Die RFID Technologie hat bis zum heutigen Tag nur einen begrenzten Einsatz in dem Supply Chain Management der Unternehmen gefunden. Obwohl das Optimierungspotenzial der RFID Technologie schnell offensichtlich wird, verhalten sich die Unternehmen derzeit noch zurückhaltend im Bezug auf den Einsatz dieser neuen Technologie. Neben den Unternehmen verhalten sich auch die Endkunden skeptisch gegenüber der neuen Technologie. Im weiteren Verlauf werden aus diesem Grund die Potenziale der RFID Technologie aus Sicht des Unternehmens und aus Sicht des Endkunden analysiert.

6.1 Potenzialanalyse aus Sicht des Unternehmens

6.1.1 Stärken (Strengthens)

Das Potenzial der RFID Technologie im Supply Chain Management ist aus Sicht von Unternehmen durch die verschiedenen Funktionen und Einsatzmöglichkeiten sehr groß. Obwohl vor der Einführung neuer Technologien meistens die aufzuwendenden Investitionen und die laufenden Kosten die wesentliche Rolle spielen, bewerten die Unternehmen bei der RFID Technologie die Möglichkeiten zur Leistungsoptimierung wesentlich höher. [84]

Die Stärken bzw. das Optimierungspotenzial der RFID-Technologie im SCM leiten sich vor allem von den technischen Fähigkeiten und Eigenschaften der RFID-Systeme ab. Als wesentlicher Vorteil muss die hohe Widerstandfähigkeit der RFID-Tags genannt werden. Die Tags können auf Objekten jeglicher Art angebracht werden. Dabei spielt es keine Rolle, ob die Oberfläche der Objekte durchsichtig oder uneben beschaffen ist. RFID-Tags können dreidimensional ohne Sichtkontakt ausgelesen und beschrieben werden. Ihre Funktion wird von Verschmutzungen und Beschädigungen der Objekte nicht beeinträchtigt. Sie können im Gegensatz zu Barcodes auch dann ausgelesen und beschrieben werden, wenn sie leicht beschädigt oder verschmutzt sind. Diese Widerstandsfähigkeit verhindert War-

---

[84] Vgl.: Lange, V.: RFID-Einführung? Es kommt darauf an - RFID Studie 2004, FM Das Logistikmagazin 12/2004, verfügbar im Internet: www.warehouse-logistics.com/download/DE_Heft_FM_36_2004_12_3.pdf (letzter Zugriff: 03.06.2008 09:52 Uhr)

te- und Stillstandzeiten, die bei fehlerhaften und unlesbaren Barcodes auftreten. Die Widerstandfähigkeit der RFID-Tags ist als Optimierungsinstrument für zahlreiche Prozesse entlang der gesamten Supply Chain relevant. [85]

Als weitere technische Eigenschaft bzw. Fähigkeit ist die Automatisierung zu nennen. RFID-Systeme können Objekte automatisch und berührungslos identifizieren. Manuelle Erfassungsvorgänge können durch diese Fähigkeit entlang der gesamten Supply Chain eingespart werden. RFID-Tags können sowohl mit Handlesegeräten (Handheldgeräte) als auch mit großen Gates bzw. Toren, die über große Antennen und hohe Reichweiten verfügen, im Pulk erfasst und ins Warenwirtschaftssystem integriert werden. Das Optimierungspotenzial der Pulkerfassung wird insbesondere beim so genannten Item-Tagging ausgeschöpft, bei dem einzelne Produkte oder kleinere Kartons mit RFID Tags ausgestattet werden. Durch die Kombinierung der Pulkfähigkeit der RFID-Systeme und dem Item-Tagging können mehrere verschiedene Produkte auf einer Palette automatisch in einem Vorgang erfasst werden. [86]

Neben dem Automatisieren von manuellen Vorgängen werden auch papierbasierte Prozesse durch automatische und elektronische ersetzt, wie z.B. der elektronische Lieferschein. So können die Prozesse vom Zulieferer über den Hersteller bis zum Endkunden voll automatisiert und elektronisch erfasst werden. Dies hat eine erhebliche Optimierung der Durchlaufzeiten beim Wareein- und –ausgang aller Beteiligten der Supply Chain zur Folge.[87] Durch die Automatisierung der verschiedenen Prozesse entlang der Supply Chain wird die gesamte Supply Chain flexibler und kann effizienter und kurzfristiger auf Marktveränderungen reagieren. Dies wird am deutlichsten am Phänomen des Bullwhip-Effekts. Eine der Hauptur-

---

[85] Vgl.: Rhensius, T., Quadt, A.: RFID im After Sales und Service, verfügbar im Internet: www.isis-specials.de/profile_pdf/1f149_ed_rfid0208.pdf (letzter Zugriff: 03.06.2008 10:13 Uhr)

[86] Vgl.: Gneuss, M.: RFID: „Die Kosten sind das größte Hemmnis", Handelsblatt, Stand 05.06.2006, verfügbar im Internet http://www.handelsblatt.com/News/printpage.aspx?_p=300044&_t. (Letzter Zugriff: 24.06.2008 16:47 Uhr)

[87] Vgl.: Bundesministerium für Wirtschaft und Technologie: RFID – Potenziale für Deutschland, Seite 44, verfügbar im Internet: www.vdivde-it.de/Images/publikationen/dokumente/RFID_gesamt.pdf (Letzter Zugriff: 03.06.2008 09.50 Uhr)

sachen dieses Effekts sind neben den Informationsdefiziten die Durchlaufzeiten. Beim Bullwhip-Effekt kann die Produktion nicht flexibel auf kleinere Schwankungen der Kundennachfrage reagieren. Dadurch entstehen bereits bei kleineren Schwankungen in der Nachfrage immer stärkere Schwankungen in der Bestellmenge aufwärts der Supply Chain (Upstream) (siehe Abbildung 7). Durch RFID entsteht eine höhere Transparenz in der Supply Chain, wodurch auf Schwankungen effizienter reagiert werden kann.[88]

Eine weitere Fähigkeit von RFID Systemen stellt die Informationsbereitstellung dar. RFID-Systeme sammeln und verwalten Informationen über Objekte entlang der gesamten Supply Chain und stellen diese in Echtzeit allen Beteiligten zur Verfügung (siehe Abbildung 5).

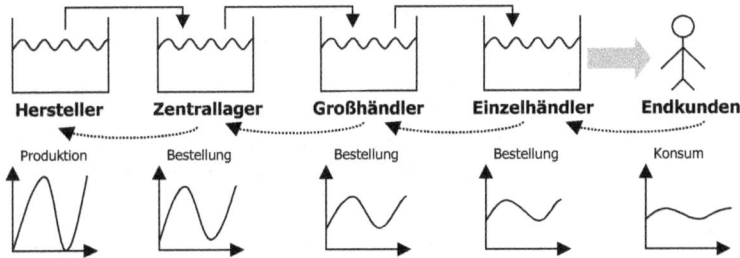

Abbildung 7: Darstellung des Bullwhip-Effekts

Quelle: Modifiziert nach Heusler, K.F.: Implementierung von Supply-Chain-Management, 1. Auflage, Wiesbaden 2004, S. 25

Durch diese Eigenschaft kann die Warenrückverfolgung effizienter und fehlerfreier gestaltet werden. Durch RFID können in Echtzeit relevante Informationen über den Ist-Zustand und die Verfügbarkeit von Objekten entlang der gesamten Supply Chain erfasst werden.[89] Dies optimiert steuernde und planerische Prozesse entlang der gesamten Supply Chain. Zudem lassen sich die Herkunft und der Weg eines Objekts entlang der Supply Chain durch das dynami-

---

[88] Vgl.: Franke, W., Dangelmaier, W.: RFID- Leitfaden für die Logistik, Wiesbaden 2006, S. 143f.

[89] Vgl.: Bundesministerium für Bildung und Forschung: RFID-Studie 2007, S. 82

sche Tracking und Tracing an mehreren Stationen schnell und fehlerfrei erfassen und zurückverfolgen. Die Informationsbereitstellung eines RFID Systems behebt auch das Informationsdefizit, durch das der oben erwähnte Bullwhip-Effekt eintreten kann.

Voraussetzung für die Ausschöpfung des Optimierungspotenzials der Informationsbereitstellung ist die Zuverlässigkeit der Daten.[90] Grundsätzlich sind die von den RFID-Systemen gelieferten Daten sehr zuverlässig und sicher. Menschliche Fehler, die bei manuellen Erfassungsprozessen auftreten können, werden durch RFID vermieden. Dazu zählen auch menschliche Fehler, die durch bewusste oder unbewusste Informationszurückhaltung an den einzelnen Stationen der Supply Chain entstehen können.[91]

Die Informationen der RFID Systeme haben zugleich eine qualitätssichernde Aufgabe im Bestandsmanagement. Die Warenrückverfolgung kann die Lebensmittelskandale der Vergangenheit[92] verhindern. Zum einen kann die Herkunft von Waren eindeutig zurückverfolgt und zum anderen können verdorbene oder fehlerhafte Waren vor dem Verkauf aus dem Sortiment entfernt werden.[93] Die Qualität kann zudem durch RFID-Tags mit speziellen Sensoren gesichert werden. Diese speziellen RFID-Tags liefern Daten über den Ist-Zustand des Objekts. So kann z.B. die Temperatur innerhalb eines Containers mit speziellen RFID-Tags ständig überprüft werden. Dies ist nicht nur wichtig für Lebensmittel, sondern auch für sowohl kosmetische Produkte[94] als auch empfindliche technische Geräte, Chips und hochwertige Luxusgüter.

Die klare Identifizierbarkeit von Produkten hat eine sicherheitsrelevante Bedeutung. RFID kommt derzeit häufig in der Diebstahl- und

---

[90] Vgl.: Bundesministerium für Bildung und Forschung: RFID-Studie 2007, S. 83

[91] Vgl.: Hodel, D., Süß, T.: Chancen und Voraussetzungen der Supply Chain-Optimierung durch RFID

[92] Vgl.: Dericks, L.: Milchflaschen mit Antenne, Innovation Nr. 4/2007, verfügbar im Internet: http://imc-ag.de/downloads/innovation-RFID-Milchflaschen_mit_Antenne-1107.pdf (Letzter Zugriff: 14.05.2008 11:34 Uhr)

[93] Vgl.: Ökotest: Frische Ware dank RFID, Ökotest 05/2007, S. 16, verfügbar im Internet: www.oekotest.de/oeko/bin/media/mum052007/mum052007-16.pdf (Letzter Zugriff: 07.07.2008 22:13 Uhr)

[94] Vgl.: Deutsche Post World Net: Kälteüberwachte Sendungen mit RFID, verfügbar im Internet: http://www.dpwn.de/dpwn?skin=hi&check=yes&lang=de_DE&xmlFile=2007688 (Letzter Zugriff: 29.05.2008 23:41 Uhr)

Artikelsicherung zum Einsatz. Die Optimierung der Diebstahlsicherung durch RFID hat für die Unternehmen den besonderen Vorteil, dass dadurch keine zusätzlichen Kosten entstehen.[95] Die RFID-Tags erfüllen neben den anderen Aufgaben entlang der Supply Chain auch automatisch den Diebstahlschutz, indem die Tags am Ende der Kette beim Endkunden deaktiviert werden müssen. Sollte ein RFID-Tag beim Verlassen eines Geschäfts nicht deaktiviert sein, so aktiviert sich automatisch ein Warnsignal an den Türen. Diese Funktion der Objektsicherung lässt sich auch auf die Sicherung von wertvollen Arbeitsmaterial und -geräten erweitern. Eine weitere sicherheitsrelevante Bedeutung der RFID-Systeme kommt der Bekämpfung von Plagiaten zu. Plagiate, wie sie derzeit vermehrt im Ersatzteilsektor der Automobilindustrie auftreten,[96] können durch RFID eindeutig identifiziert und effizient bekämpft werden, indem Maschinen und Geräte mit einem gewissen RFID-Autorisierungsschlüssel ausgestattet werden. Stimmen zwei RFID-Autorisierungsschlüssel nicht überein, so können diese Geräte gewisse Komponenten und Austausch- oder Ersatzteile ablehnen.[97]

Die optimierten und aktuellen Informationen der RFID-Systeme können außerdem zur Lösung von typischen Problemstellungen des SCM beitragen. Durch RFID kann die Out-of-Stock Quote deutlich gesenkt werden.[98] Out-of-Stock Situationen treten immer dann auf, wenn die Anzahl der Aufträge der Anzahl der verfügbaren Artikel entspricht oder sie übersteigt. Dies führt zu Planungsveränderungen und einem deutlichen Mehraufwand an Kosten, der durch den Einsatz von RFID im Supply Chain Management vermieden werden kann. Durch den durchgängigen Informationsfluss innerhalb der Supply Chain und den aktuellen und grundsätzlich fehlerfreien Da-

---

95 Vgl.: CCG: RFID – Optimierung der Value Chain, Mai 2003, S. 11, verfügbar im Internet: www.gs1austria.at/epc/downloads/MIP_deutsch030505.pdf (Letzter Zugriff: 09.06.2008 18.39 Uhr)
96 Vgl.: HB Frankfurt: Jedes zehnte Ersatzteil illegal?, Handelsblatt, Stand 18.09.2006, verfügbar im Internet: http://www.handelsblatt.com/technologie/technik/jedes-zehnte-ersatz-teil-illegal;1136436 (Letzter Zugriff: 24.06.2008 16:47 Uhr)
97 Vgl.: Bundesamt für Sicherheit in der Informationstechnik (BSI), Risiken und Chancen des Einsatzes von RFID-Systemen, S. 97
98 Vgl.: Langheinrich, M.: RFID und die Zukunft der Privatsphäre, S. 23, verfügbar im Internet: www.vs.inf.ethz.ch/publ/papers/langhein-rfid-de-2006.pdf (Letzter Zugriff: 03.06.2008 10:03 Uhr)

ten, die durch das RFID System geliefert werden, kann flexibel auf Nachfrageschübe reagiert werden.

Die optimierte Informationsbereitstellung schafft das Potenzial zur Freistellung von vorhandenen Ressourcen. Diese Ressourcen können besonders beim Personal realisiert werden. Durch den Einsatz von RFID werden zahlreiche Prozesse entlang der Supply Chain redundant. Zum Beispiel wird RFID oftmals in Zusammenhang mit der Reduzierung bzw. Eliminierung der traditionellen Kassen im Handel gebracht. Zukünftig soll das „kassenfreie" Einkaufen in Supermärkten möglich sein, d.h. der Kunde muss zum Bezahlen lediglich an den Ausgängen durch eine Chipkarte oder seine Kreditkarte identifiziert werden und die Produkte im Warenkorb, die alle mit einem RFID-Tag ausgestattet sind, werden automatisch durch einen Scanner identifiziert und dem Kunden in Rechnung gestellt. Durch die Automatisierung des Bezahlprozesses kann das Personal an den traditionellen Kassen komplett ersetzt werden. Es wird folglich nur noch ein geringer Personalbestand benötigt zur Wartung des RFID-Systems im Supermarkt. Zudem werden die Mitarbeiter durch die Automatisierung der manuellen Prozesse stark und bei der Suche nach Produkten und bei der Inventur sogar immens entlastet. Während die Mitarbeiter derzeit noch mit manuellen und papierbasierten Prozessen beschäftigt sind, können diese freigeschaffenen Ressourcen z.B. für die Verbesserung der Kundenbetreuung und für Serviceleistungen, für die derzeit keine Ressourcen vorhanden sind, eingesetzt werden. Da eine verbesserte Kundenberatung auch zu einem höheren Umsatz führt, ist dies eine der indirekten Vorteile der RFID-Technologie.[99]

Die Informationsbereitstellung kann zudem das Marketing der Unternehmen optimieren. Die marketingrelevanten Daten, die Aufschluss über das Konsumentenverhalten geben, werden automatisch vom RFID-System geliefert. Das Potenzial liegt insbesondere in der Reduzierung des Massenmarketings und damit in der Reduktion der Marketingkosten. Zudem können Marketingstrategien mit RFID-Daten zuverlässiger und genauer geplant werden und somit einen größeren Erfolg erreichen.

---

[99] Vgl.: Auerbach, M, Sommer, A., Quiede, U.: Trusted RFID, FIR+IAW Unternehmen der Zukunft 3/2005, S.3, verfügbar im Internet: www.fir.rwth-aachen.de/download/udz/udz3_2005_309.pdf (Letzter Zugriff: 03.06.2008 09:46 Uhr)

Das Optimierungspotenzial von RFID können die Unternehmen auch zur Rationalisierung von Personal einsetzten. Durch die Automatisierung zahlreicher Prozesse wird Personal an einigen Stationen redundant und kann reduziert bzw. vollständig eingespart werden.

Ableitend aus den Potenzialen der Automatisierung und der Informationsbereitstellung kommt dem After Sales Service erhebliches Optimierungspotenzial zu. Zahlreiche Unternehmen sehen in dem Ersatzteilmanagement ein großes Potenzial für den RFID-Einsatz. RFID ermöglicht die genauere Planung und Steuerung der Ersatzteilproduktion und –distribution und kann auf eventuelle unerwartete kurzfristige Nachfrageschübe gezielt reagieren. Die so genannten Out-of-Stock Situationen, bei denen Ersatzteile nicht mehr verfügbar sind, können im Ersatzteilmanagement mittels RFID vermieden werden. Neben dem Ersatzteilmanagement optimiert die RFID-Technologie im SCM auch die Bereiche Beschwerdemanagement, Rückrufaktion, Wartung, Garantieabwicklung. [100] Die Unternehmen können in diesen Bereichen insbesondere die Flexibilität erhöhen und so kostengünstiger und zeitsparender auf unerwartete Ereignisse reagieren wie z.B. bei einer Rückrufaktion.

Wie die genannten Stärken zeigen, steck in dem Optimierungsinstrument RFID ein hohes Einsparungspotenzial an Kosten und Zeit. Dieses stellt eines der wichtigsten Motive zur Einführung von RFID dar und kann als eine der größten Stärken bezeichnet werden.

6.1.2 Schwächen (Weaknesses)

Neben den im letzten Kapitel erwähnten Stärken der RFID-Technologie im SCM gibt es auch zahlreiche Schwächen, die bisher Unternehmen davon abgehalten haben, RFID in die Supply Chain zu integrieren.

Die Schwächen von RFID im SCM lassen sich ebenfalls von den technischen Grenzen der Technologie ableiten. Während als Stärke von RFID die Widerstandsfähigkeit und der automatische und berührungslose Identifikationsprozess genannt werden, so ist derzeit die Zuverlässigkeit des Erfassungsprozesses von RFID-Tags noch eine große Schwäche. Die Lesbarkeit von RFID-Tags kann durch Metallgegenstände, flüssige oder gefrorene Waren beeinträchtigt

---

[100] Vgl.: Rhensius, T., Quadt, A.: RFID im After Sales und Service, Seite 2

werden.[101] Zudem kommt es auf die Positionierung der Tags auf dem Objekt an, ob die Lesbarkeit des Tags beeinträchtigt wird. Grundsätzlich kann der Erfassungsprozess in Geschwindigkeit und Anzahl durch die gleiche Positionierung auf Objekten optimiert werden. So können bei einer richtigen Positionierung von RFID-Tags an Paletten etwa 60 europäische Gen2 Transponder pro Sekunde ausgelesen werden.[102] Die technischen Grenzen der heutigen RFID-Tags bei der Lesbarkeit und Lesegeschwindigkeit ist ein Zeichen für den mangelnden Reifegrad der Technologie. Dieser hält zahlreiche Unternehmen von der Einführung eines RFID-Systems ab und wird als eine der größten Schwächen angesehen.[103]

Als Stärke von RFID im SCM wird auch die optimierte Informationsbereitstellung genannt. Allerdings kann das Optimierungspotenzial durch einige Schwächen nicht vollständig ausgeschöpft werden. Die Zuverlässigkeit der gestellten Informationen durch RFID in der Supply Chain kann nicht immer gewährleistet werden. Fehlerquoten bei der Lesbarkeit und die Möglichkeiten der Modifizierbarkeit bzw. der Manipulation von Daten können nicht ausgeschlossen werden. Unzuverlässige und fehlerhafte Informationen im SCM können fatale Auswirkungen auf die planerischen und steuernden Prozesse haben. Die mangelnde Sicherheit der RFID Systeme stellt eine große Schwäche dar. Insbesondere die sicherheitsrelevanten Bedenken im Bezug auf den Datenschutz sind ein großes Problem der Technologie.

Als Stärke der Technologie werden bspw. die Artikelsicherung und der erhöhte Diebstahlschutz genannt. Allerdings sind die RFID-Tags schnell überwindbar. Dazu reicht es aus z.B. ein Produkt in einer Jacke mit Metallfäden zu verstecken, da die Scanner die RFID-Tags dann nicht mehr lesen können.[104] Darüber hinaus können die auf den RFID-Tags gespeicherten Daten theoretisch von Ungefugten abgerufen werden. Die mangelnde Sicherheit schmälert damit das

---

[101] Vgl.: IHK-Informationen: RFID-Technologie im Handel, S. 18

[102] Vgl.: GS1: Beschreiben und Lesen von Transpondern, verfügbar im Internet: http://www.gs1-germany.de/content/e39/e52/e2079/e2154/e2089 (Letzter Zugriff: 05.07.2008 20:33 Uhr)

[103] Vgl.: Rhensius, T., Quadt, A.: RFID im After Sales und Service

[104] Vgl.: Unterluggauer, M.: Unklarer Nutzen – Was RFID dem Verbraucher bringt, Stand 30.06.2007, verfügbar im Internet: http://www.dradio.de/dlf/sendungen/computer/641880/drucken/ (Letzter Zugriff: 03.06.2008 10:11 Uhr)

Optimierungspotenzial. Diese Sicherheitsbedenken sind auch relevant für das Thema Industriespionage. Darüber hinaus haben niederländische Wissenschaftler nachgewiesen, dass RFID-Tags nicht immun sind gegenüber Computer-Viren. Die Wissenschaftler haben anhand eines eigens entwickelten Virus nachgewiesen, dass sich solch ein Virus auf den RFID-Tags, trotz der geringen Speicherkapazität, reproduzieren und verbreiten kann. [105]

Ableitend aus den technischen Grenzen der RFID Technologie muss die branchenübergreifende Schwäche der fehlenden Standardisierung genannt werden. Ein international abgestimmter Standard ist die wesentliche Voraussetzung für den wirtschaftlichen Erfolg von RFID.[106] Allerdings ist dieser Standard bis heute nicht gefunden und so gibt es bspw. wesentliche Unterschiede zwischen den europäischen und amerikanischen RFID-Systemen, deren Hauptursache die unterschiedlichen gesetzlichen Vorschriften in den Frequenzbereichen sind. Ohne eine klare Standardisierung kann allerdings das Potenzial der Technologie nicht ausgeschöpft werden. Die fehlende Standardisierung ist für die Unternehmen eine der größten Umsetzungsbarrieren.

Die größte Schwäche der RFID-Technologie sind die hohen Investitionen, die bei einer Einführung von RFID im SCM aufgewendet werden müssen. Dabei sind die hohen Transponderkosten das größte Problem. Die Transponderkosten richten sich nach der Bestellmenge und werden erst bei immens hohen Mengen bezahlbar. Da die Transponder meistens nur einmal genutzt werden, müssen diese ständig neu bestellt werden. Die hohen Transponderkosten schmälern somit die Ausschöpfung des Optimierungspotenzials der Technologie. So kann die Technologie derzeit noch nicht auf Artikelbasis im Lebensmittelhandel eingesetzt werden, weil das sog. „Item-Tagging" durch die hohen Transponderkosten nicht rentabel ist[107]. Dadurch lohnt sich das Item-Tagging nur für wertvolle Waren, z.B.

---

[105] Vgl.: Wolff, T.: Sicherheitslücken bei RFID-Chips, CIO Online, Stand 22.03.2006, http://www.cio.de/knowledgecenter/security/819979/index.html (Letzter Zugriff: 10.07.2008 0:58 Uhr)

[106] Vgl.: Bundesministerium für Wirtschaft und Technologie: RFID – Potenziale für Deutschland, S. 30

[107] Vgl.: Bundesministerium für Bildung und Forschung – Studie: Auswirkungen eines RFID-Masseneinsatzes auf Entsorgung- und Recyclingsyteme, S. 26

für Luxusgüter.[108] Neben den Transponderkosten sind aber auch die Wartungs- und Schulungskosten für die wirtschaftliche Rentabilität relevant. Für viele Unternehmen, insbesondere mittelständische Unternehmen, sind die Know-how Defizite eine wesentliche Schwäche[109]. Kaum ein Unternehmen besitzt überhaupt ein nennenswertes Know-how über diese Technik.[110] Die Unternehmen müssen hohe Investitionen und laufende Kosten hinnehmen um über Ausbildungen und verschieden anderen Möglichkeiten Know-how zu erhalten oder um teures Know-how über Unternehmensberatungen oder Experten einzukaufen. Diese zusätzlichen Kosten schmälern das Optimierungspotenzial und stehen im Gegensatz zur erwarteten Kostenreduktion durch RFID.

Eine psychologische Schwäche von RFID, die sich zum Investitionshemmnis entwickelt hat, ist der Mangel bzw. das Fehlen von positiven Business Cases. Derzeit gibt es kein wirkliches Erfolgsprojekt. Zwar führen zahlreiche Unternehmen Pilotprojekte durch und einige von denen sind auch erfolgreich abgeschlossen worden und die Unternehmen integrieren bereits RFID in ihre Supply Chain, allerdings gibt es noch kein vorzeigbares Erfolgsmodell. Ohne eine vorzeigbare Erfolgsgeschichte werden die Unternehmen auch in Zukunft skeptisch gegenüber der neuen Technologie sein.

6.1.3 Chancen (Opportunities)

Die Chancen der RFID-Technologie im SCM können nicht hoch genug angesetzt werden. Trotz der vorhandenen und derzeit bekannten Schwächen der Technologie, ist das Optimierungspotenzial der Technologie immens. Die Zukunft wird zeigen wie sich die RFID-Technologie in den Supply Chains durchsetzten wird. Mit dem hohen Optimierungspotenzial bieten sich die Chancen zu Innovationen und Veränderungen.

---

[108] Vgl.: Bundesministerium für Bildung und Forschung – Studie: Auswirkungen eines RFID-Masseneinsatzes auf Entsorgung- und Recyclingsyteme, Stand 2004, S. 4, verfügbar im Internet: www.flog.mb.uni-dortmund.de/forschung/download/Studie%20-%20Auswirkungen%20eines%20RFID%20Masseneinsatzes.pdf (letzter Zugriff: 03.06.2008 09:55 Uhr)

[109] Vgl.: Rhensius, T., Quadt, A.: RFID im After Sales und Service

[110] Vgl: Bundesamt für Sicherheit in der Informationstechnik (BSI), Risiken und Chancen des Einsatzes von RFID-Systemen, S. 94

Auch die Chancen leiten sich von den technischen Eigenschaften ab. So muss die Leistungsfähigkeit der RFID-Tags und der Erfassungsgeräte noch optimiert werden, sodass die Fehlerquote bei den Lesevorgängen verringert und die Durchlaufzeiten reduziert werden können. Zudem liegt eine große Chance für RFID-Systeme in der Standardisierung. Sollte in naher Zukunft ein einheitlicher und internationaler Standard gefunden werden, kann dies den Durchbruch dieser Technologie bedeuten.

Großes Potenzial besteht auch in der Schaffung von neuen Dienstleistungen und Service-Leistungen durch RFID. Insbesondere der Bereich des After Sales kann durch RFID deutlich optimiert werden. Dadurch könnte Kundenbindung an das Unternehmen durch eine bessere Kundenorientierung gestärkt werden. Großes Potenzial für die Unternehmen liegt zudem bei einer verbesserten Kundenbeziehung durch neue Service-Leistungen und in der Steigerung der Loyalität der Kunden. Da die Haltung von Bestandskunden immer rentabler ist als die Akquisition von neuen Kunden, kann dies eine Chance zur Umsatzsteigerung durch RFID im SCM sein.[111]

Derzeit gibt es keine auf RFID basierten gesetzlichen Regeln. Die Unternehmen müssen sich lediglich an die Datenschutzgesetze der Länder halten. Dadurch sind die Unternehmen in der komfortablen Situation der freiwilligen Selbstkontrolle. Dies ermöglicht den Unternehmen das Vertrauen in die Technologie bei den Endkunden in Eigenleistung zu gewinnen und zu stärken.

Eine große Chance für die Zukunft liegt auch in der Reduktion der Transponderkosten. Die heutigen hohen Kosten für Transponder schmälern das Optimierungspotenzial durch RFID immens, z.B. beim Item-Tagging. Bei niedrigen Transponderkosten könnte RFID als vollwertiger Ersatz der Barcodes genutzt werden, da die geringen Kosten für den Barcode an Wichtigkeit verlieren würden.

Volkswirtschaftlich betrachtet bietet der Erfolg der RFID-Technologie Chancen für neue Arbeitsplätze und neue Wirtschaftszweige. Diese können grundsätzliche neue Wachstumsmärkte für Unternehmen sein. Beispielsweise könnten sich Logistikunternehmen mit

---

[111] Vgl.: Kotler, P, Bliemel, F.: Marketing-Management – Analyse, Planung und Verwirklichung

dem gewonnen Know-how über RFID spezialisieren und neue Dienstleistungen anbieten.[112]

6.1.4 Gefahren (Threats)

Neben dem positiven Ausblick auf das Potenzial der RFID Technologie im SCM wirft die Technologie aber auch einige Gefahren auf. Die größten Bedenken und Gefahren gehen von der Sicherheit der RFID-Technologie aus. Im Zusammenhang mit RFID werden immer wieder Probleme und Bedenken in Bezug auf den Datenschutz genannt. Da die Technik noch nicht ausgereift ist, sind die sicherheitstechnischen Probleme noch sehr hoch. Die Kritik und die Bedenken im Blick auf den Datenschutz sind so stark, dass diese auch das Ende der Technologie bedeuten könnten. So besteht eine der Gefahren in der Ablehnung dieser Technologie durch den Endkunden aus Datenschutzgründen.[113] Zum anderen gehen Gefahren von der rechtlichen Seite aus. Es ist denkbar, dass in einigen Ländern der Einsatz der Technologie aus Datenschutzgründen insbesondere am Ende der Wertschöpfungskette gesetzlich zum Schutze der Verbraucher begrenzt wird. Ob es zu strengen gesetzlichen Regelungen kommen wird, hängt aber auch vom Umgang der Unternehmen mit der Technologie ab. Die Unternehmen zumindest versuchen, gesetzliche Vorschriften zu vermeiden und zu verhindern und setzen eher auf freiwillige Selbstkontrolle.[114] Sollte es zu mehreren vorzeigbaren negativen Business Cases kommen und Unternehmen gezielt die Daten, die durch RFID erhoben werden können, missbrauchen, so wird die Wahrscheinlichkeit eines staatlichen Eingriffs in die Technologie immer wahrscheinlicher.

Direkt abgeleitet von den sicherheitstechnischen Bedenken kommt man automatisch auf Gefahren, die von der Kundenseite ausgehen. Gelingt es den Unternehmen nicht, das Vertrauen der Kunden für

---

[112] Vgl.: Bundesministerium für Wirtschaft und Technologie: RFID – Potenziale für Deutschland, S. 41f.

[113] Vgl.: RFID Support Center: Datenschutz bei RFID Anwendungen, Stand September 2007, S. 17, verfügbar im Internet: http://www.rfid-support-center.de/file.php?mySID=cecd8518cf664a9e2c9057caff7153d4&file=/Datenschutz_bei_RFID-Anwendungen.pdf&type=down (Letzter Zugriff: 03.06.2008 09:34 Uhr)

[114] Vgl.: Unterluggauer, M.: Unklarer Nutzen – Was RFID dem Verbraucher bringt

die neue Technologie zu gewinnen bzw. eine Akzeptanz zu erreichen, werden die Unternehmen keine Vorteile von der Technologie haben und das Potenzial nicht ausschöpfen können. Das Misstrauen der Kunden gegenüber RFID ist bereits sehr groß. Ohne das Vertrauen der Kunden, wird sich bspw. der Handel keine Vorteile durch den Einsatz von RFID verschaffen können.

Eine weitere Gefahr wird auch deutlich bei der Frage, wie RFID eingeführt wird. Die Beispiele aus der Praxis zeigen, dass bisher nur die großen multinationalen Unternehmen ein Interesse an der schnellen Einführung der neuen Technik haben. Die großen Handelskonzerne wie z.B. Wal-Mart fordern ihre Zulieferer auf und zwingen sie, bei sich die neue Technologie einzuführen, obwohl die meist mittelständischen Unternehmen weder Vorteile noch das nötige Kapital für diese Technik haben. Dieses Vorgehen der großen Handelskonzerne ist höchst gefährlich und wird eher den Unmut als die Zuversicht über RFID schüren. Solange RFID nicht rentabel für mittelständische Unternehmen und Zulieferer wird, wird der Durchbruch der Technologie ausbleiben.

Eine der Gefahren, die von der neuen Technologie ausgeht, ist die Reduktion von Personal. Zwar ist dies keine betriebswirtschaftliche Gefahr, aber eine sozialpolitische Frage, die oft in der Diskussion um die neue Technologie aufgeworfen wird. Sicherlich ist die Reduktion des Personalbestandes eine der Optimierungspotenziale der RFID-Technologie aus betriebswirtschaftlicher Sicht. Allerdings geben die meisten Unternehmen an, keine Reduktion des Personalbestandes mit RFID anzuvisieren. Vielmehr sollen die Mitarbeiter entlastet werden durch die Automatisierung, um zusätzliche Ressourcen für andere Bereiche frei zu schaffen. Dennoch werden in der Realität Entlassungen eine Konsequenz der Einführung von RFID in die Supply Chain sein und stellen somit eine sozialpolitische Gefahr dar.

6.2 Potenzialanalyse aus Sicht des Endkunden

6.2.1 Stärken (Strengthens)

Das Supply Chain Management ist ein auf den Endkunden gerichtetes Managementkonzept. Von daher ist es nur logisch, das Potenzial von RFID im SCM aus der Sicht des Endkunden zu analysieren. Während das Potenzial der RFID-Technologie aus Sicht der Unternehmen sehr groß ist, hat RFID auch zahlreiche Stärken und Vorteile für den Endkunden.

Während die Stärken der RFID Technologie im SCM bei der Potenzialanalyse aus Sicht der Unternehmen hauptsächlich von den technischen Möglichkeiten und Grenzen abgeleitet werden können, entsteht der Mehrwert für die Endkunden eher durch das optimierte Supply Chain Management. Der Kunde profitiert von der Automatisierung vor allem an den effizienteren und zuverlässigeren Prozessen und der Reduktion der Durchlaufzeiten. Dies kann für den Endkunden ganz pragmatisch bedeuten, dass die Wartezeit an der Kasse reduziert wird und der Kunde zufriedener das Geschäft verlässt. Im besten Falle für den Kunden werden die Kassen komplett durch ein RFID System ersetzt und er braucht zum Bezahlen seiner Waren nur die Filiale verlassen und es entstehen keine Wartezeiten mehr für den Bezahlvorgang.[115]

Zudem kann die gesamte Supply Chain durch RFID effizienter und schneller reagieren auf Schwankungen in der Nachfrage nach einem Produkt. Der Vorteil für den Kunden besteht darin, dass die sog. Out-of-Stock Situationen vermieden werden und grundsätzlich alle Produkte für den Kunden verfügbar sind, wodurch die Kundenzufriedenheit gesteigert werden kann.[116]

Die Informationsbereitstellung durch RFID Systeme schafft zudem einen Mehrwert für die Endkunden. Die Qualitätssicherheit bzw. die Lebensmittelsicherheit kann für den Kunden nicht nur sichergestellt werden, sondern auch vom Kunden nachvollzogen werden. So bietet die Warenrückverfolgung bzw. das Tracking und Tracing die Möglichkeit, den Weg einer Ware entlang der Supply Chain nachzuvollziehen. Durch diese Möglichkeiten kann der Endkunde vor den so genannten Lebensmittelskandalen der Vergangenheit geschützt werden, da auch die Einhaltung der Kühlkette mittels RFID-

---

[115] Vgl.: Fiutak, M.: Cebit: Handel setzt auf RFID, ZDnet Deutschland, Stand 03. März 2006, verfügbar im Internet: http://www.zdnet.de/news/messen/cebit2006/tkomm/0,39033480,39141531,00.htm (Letzter Zugriff: 30.05.2008 14:18 Uhr)

[116] Vgl.: Hewlett-Packard: Talking with Wal-Mart's CIO, S. 1, http://h71028.www7.hp.com/enterprise/cache/20136-0-0-225-121.aspx (Letzter Zugriff: 29.05.2008 23:48 Uhr)

Tags mit Temperatursensoren überprüft werden kann.[117] Außerdem können verderbliche Waren in einer Filiale vor dem Verkauf an den Kunden bzw. vor den Ladenöffnungszeiten aus den Regalen entfernt werden, falls das Mindesthaltbarkeitsdatum abgelaufen sein sollte. Dies trägt nicht nur zum Verbraucherschutz, sondern auch zur Zufriedenheit des Kunden bei. Auch der optimierte Schutz vor Plagiaten, der bereits in der Potenzialanalyse unter den Stärken erwähnt wurde, stellt ebenfalls einen großen Mehrwert für die Endkunden dar. [118]

Eine der größten Vorteile für den Kunden ist die Ressourcenfreischaffung, die durch RFID im SCM erreicht werden kann. Grundsätzlich kann der Kunde von den neuen Ressourcen nur profitieren. Während früher keine Ressourcen für einen optimierten Service am Kunden zu Verfügung standen, kann durch die mögliche Umverteilung der Ressourcen genau dieser geschaffen werden.

Besonderes Augenmerk liegt dabei auf dem Ziel einer nachhaltigen positiven Beziehung zwischen Kunden und Unternehmen und dem After-Sales Bereich. Durch RFID können neue After-Sales Services geschaffen werden und damit das Kunden-Unternehmen-Verhältnis nachhaltig verbessert werden. Insbesondere im Ersatzteilmanagement, bei Rückrufaktionen und Garantieansprüchen zeigen sich die Vorteile von RFID für die Kunden.[119] Die Kundenabwicklung kann bei diesen Service-Leistungen deutlich optimiert und effektiver sowie effizienter durchgeführt werden. Durch den erfolgreichen Einsatz von RFID kommt es auch zur Reduktion von Kosten. Unternehmen könnten grundsätzlich diese Einsparungen an den Kunden weitergeben und Produktpreise senken.

---

[117] Vgl.: Metro AG: Spektrum RFID Metro Gourp, S. 11, verfügbar im Internet: http://logging.mgi.de/ObjectTracking/www.future-store.org/fsi-internet/get/documents/FSI/multimedia/pdfs/broschueren/WISSB_Publikationen_Broschueren_SpektrumRFID.pdf (Letzter Zugriff: 29.05.2008 22:10 Uhr)

[118] Vgl.: Bundesamt für Sicherheit in der Informationstechnik (BSI), Risiken und Chancen des Einsatzes von RFID-Systemen, S. 97

[119] Vgl.: Bundesministerium für Bildung und Forschung: RFID-Studie 2007 – Technologieintegrierte Sicherheit bei RFID-Systemen, Seite 53ff.

6.2.2 Schwächen (Weaknesses)

Die Schwächen von RFID im SCM für die Endkunden leiten sich entgegen der Stärken von den technischen Möglichkeiten und Grenzen ab. Während die Automatisierung von Prozessen grundsätzliche keine negativen Auswirkungen hat, so kann sich die Informationsbereitstellung nachteilig für den Endkunden auswirken.

Insbesondere in der Informationsbereitstellung liegen die größten Schwächen der RFID-Technologie aus der Sicht der Kunden. Bei dem Weg eines Objektes durch die Supply Chain bis zum Kunden generieren die RFID-Tags zahlreiche Daten. Die Problematik aus Sicht der Kunden besteht in der mangelnden Transparenz, d.h. welche Daten konkret generiert und analysiert werden.

Besonders problematisch sind für die Kunden RFID-Tags, die beim Bezahlvorgang bzw. beim Verlassen einer Filiale nicht deaktiviert werden. Die Kunden befürchten, dass die nicht deaktivierten RFID-Tags ohne ihr Wissen Daten generieren und übermitteln und Unternehmen mit diesen Daten Persönlichkeitsprofile erstellen können. Dieser Befürchtung kann nur die Deaktivierung der Tags entgegenwirken.[120] Neben den nicht deaktivierten RFID-Tags ist die Möglichkeit zur Datenkombination besonders datenschutzrechtlich bedenklich. So können bspw. die Daten, die durch RFID gesammelt werden, mit den Daten bspw. von der Kreditkarte kombiniert und analysiert werden. [121]Dies ist ein weiterer Schritt in Richtung „gläserner Kunde" und schürt das Misstrauen gegenüber der RFID-Technologie.[122] Aber nicht nur die Datenverknüpfung ist durch RFID möglich. So können gewisse Produkte mit anderen Produkten verknüpft werden, wenn z.B. eine Waschmaschine mit einem bestimmten Waschmittel verbunden wird oder ein Drucker nur mit Tintenpatronen von einem bestimmten Hersteller funktioniert.[123]

---

[120] Vgl.: Unterluggauer, M.: Unklarer Nutzen – Was RFID dem Verbraucher bringt

[121] Vgl.: Krempl, S.: Neue Vorstöße zur RFID-Selbstregulierung der Industrie, Heise Online, Stand 29.05.2006 16:17, verfügbar im Internet: http://www.heise.de/newsticker/Neue-Vorstoesse-zur-RFID-Selbstregulierung-der-Industrie--/meldung/73621 (Letzter Zugriff: 10.07.2008 1:49 Uhr)

[122] Vgl.: Unterluggauer, M.: Unklarer Nutzen – Was RFID dem Verbraucher bringt

[123] Vgl.: ebd.

Dies ist eine klare Einschränkung bis hin zur Verletzung von Kundenrechten und stellt eine gravierende Schwäche aus Sicht der Endkunden dar.

Neben den technischen Schwächen werden die Kosten für den Einsatz von RFID für den Endkunden problematisch sein. Die Unternehmen werden die Kosten für den gesamten RFID-Einsatz auf die Produkte und damit auf den Kunden umlegen. Der Kunde hat damit die Lasten für den RFID-Einsatz zu tragen, ohne das der Mehrwert der Technologie deutlich wird. Dem Kunden ist dabei nicht klar, dass er den Einsatz von dieser Technologie mitfinanziert. Wie bereits in der Potenzialanalyse aus der Sicht der Unternehmen erwähnt, können Unternehmen durch das Optimierungspotenzial von RFID im SCM einen klaren Kostenvorteil in mehreren Bereichen erzielen. Allerdings werden die wenigsten Unternehmen diesen Kostenvorteil an den Kunden mittels Preisreduzierungen weitergeben, sofern sie nicht vom Markt dazu gezwungen werden sollten.

Unter dem Einsatz von RFID kann auch der persönliche Kontakt zum Kunden leiden. Wie unter den Stärken erwähnt, entstehen durch RFID neue Ressourcen, die für einen besseren Kundenkontakt eingesetzt werden könnten. Einige Unternehmen werden diese Ressourcen aber nicht für einen besseren Kundenkontakt einsetzen, sondern den Personalbestand eher reduzieren. Dadurch schwindet wieder der Mehrwert von RFID für den Endkunden. Der Endkunde finanziert in solch einem Fall zwar den Einsatz von RFID ohne sein Wissen wesentlich mit, jedoch erhält er durch die Unternehmenspolitik keinen Mehrwert.

6.2.3 Chancen (Opportunities)

Die Chancen von RFID im SCM liegen in der erfolgreichen Bewältigung der oben genannten Schwächen für den Endkunden. Die Endkunden sind dabei abhängig von den Unternehmen. Sollte der freiwillige Selbstschutz der Unternehmen im Bereich Datenschutz in Zukunft funktionieren, so kann der Einsatz von RFID ein großer Mehrwert für die Endkunden sein. Das Einkaufen kann in Zukunft komfortabler und zeitsparender erfolgen und könnte für den Endkunden zum Erlebnis werden. Der Future-Store der Metro ist die erste Darstellung für eine künftige Einkaufserlebniswelt. Darüber hinaus werden die Kunden weniger Ärger mit den After-Sales Service-Leistungen wie Garantieansprüchen, Rückrufaktionen, Beschwerdemanagement und Ersatzteilen haben. Weitere Chancen liegen in der Steigerung der Produktqualität. Die heutige Problematik mit verderblichen Waren und Plagiaten kann durch RFID im SCM erfolgreich gelöst werden.

6.2.4 Gefahren (Threats)

Die größte Gefahr für den Endkunden ist der mangelnde Datenschutz. Es besteht die Gefahr, dass der Kunde durch eine entsprechende Unternehmenspolitik sehr transparent in seinem Kundenverhalten wird. Da der Kunde aber selten einen Überblick darüber hat, welche Daten er dem Unternehmen unfreiwillig liefert, kann er die Datenübermittlung auch nicht vermeiden oder überprüfen. Dies ist insbesondere dann ein rechtliches Problem, wenn das Unternehmen sich auch nicht an gesetzliche Bestimmungen hält, da ein solches Vorgehen schlecht überprüfbar ist. Sicherlich hat der Kunde durch einen mangelnden Datenschutz zwar grundsätzlich keinen finanziellen oder seelischen Schaden, jedoch wird sein Grundrecht auf Privatsphäre damit deutlich verletzt. Zudem besteht die Gefahr, dass Daten von Unbefugten z.B. durch einen Computervirus missbraucht werden. Als Folge der datenschutzrechtlichen Probleme könnte es zu einer allgemeinen Ablehnung der RFID-Technik durch den Endkunden kommen. In diesem Worst-Case Szenario könnten weder die Unternehmen noch die Endkunden die Optimierungspotenziale von RFID ausschöpfen.

Eine weitere Gefahr der RFID Technik kann sein, dass diese Technologie sich nicht durchsetzt oder durch eine verbesserte Technologie ersetzt wird. Unternehmen, die aber bereits RFID in ihrer Supply Chain eingesetzt haben und keine finanziellen Vorteile durch den Einsatz erzielt haben, werden die angefallenen Kosten auf den Kunden abwälzen. Ein scheitern der Technologie könnte sehr kostenintensiv werden und sich zu einem klaren Nachteil für Endkunden entwickeln.

In Zusammenhang mit RFID muss auch die mögliche Gefahr für Endkunden genannt werden, dass durch neue gesetzliche Bestimmungen die Rechte der Endkunden, z.B. die Privatsphäre, geschwächt werden. Zwar ist dies derzeit in den meisten Ländern, wie auch in Deutschland nicht denkbar, jedoch besteht diese Gefahr durchaus weltweit. Eine gesetzliche Stärkung der Unternehmen und eine Schwächung der Rechte von Verbrauchern ist schon häufig in der Vergangenheit in mehreren Ländern vorgekommen und ist damit nicht vollständig unrealistisch.

7 Möglichkeiten zur Gewinnung des Vertrauen der Endkunden in die RFID Technik

Die Potenzialanalysen aus der Sicht der Unternehmen und aus der Sicht des Endkunden haben gezeigt, dass ein wesentlicher Erfolgsfaktor das Vertrauen in die Technik ist.[124] Es wurde deutlich, dass es zum großen Teil die Aufgabe der Unternehmen ist, das Vertrauen der Endkunden für die neue Technologie aufzubauen. Der freiwillige und vertrauensvolle Umgang der Unternehmen mit RFID wird entscheiden, ob sich die Endkunden jemals mit RFID anfreunden können. Mit der Hoffnung auf gesetzlichen Schutz vor Missbrauch von RFID werden die Verbraucher keinen Erfolg haben. Die Potenzialanalyse hat gezeigt, dass das Optimierungspotenzial von RFID im SCM nur dann vollständig und ganzheitlich ausgeschöpft werden kann, wenn sowohl die Endkunden als auch die Unternehmen einen Mehrwert von dem Einsatz haben. Aus diesen Gründen beschäftigt sich das folgende Kapitel mit den Möglichkeiten zur Gewinnung des Vertrauens der Endkunden in die RFID Technologie.

7.1 Grundsätze des Umgangs mit RFID

Die Potenzialanalyse von RFID im SCM hat eindeutig gezeigt, dass der große Mehrwert der Technologie bei den Unternehmen liegt. Die Unternehmen können Optimierungspotenziale entlang der gesamten Supply Chain ausschöpfen, während der Endkunde nur Mehrwert durch das optimierte SCM erhält. Da die Politik bis heute keine gesetzlichen Grenzen für den Einsatz von RFID im SCM und der Datenverarbeitung mit RFID formuliert hat, unterliegen die Unternehmen der freiwilligen Selbstkontrolle. Dies offeriert den Unternehmen die Möglichkeit, durch einen verantwortungsvollen Umgang mit den Potenzialen der RFID Technologie das Vertrauen der Kunden für RFID zu gewinnen. Um das Vertrauen der Kunden zu gewinnen, müssen die Unternehmen klare und verständliche Grundsätze und Prinzipien für den Umgang mit RFID formulieren, an die sich alle Beteiligten der Supply Chain halten und orientieren müssen. Dabei müssen sich die Grundsätze an dem Endkunden ori-

---

[124] Vgl.: VZBV: RFID-Technologie ist ohne das Vertrauen der Verbraucher zum Scheitern verurteilt, Stand 12.03.2007, verfügbar im Internet: http://cebit2008.portel.de/cebit2008news/artikel/14025-vzbv-rfid-technologie-ist-ohne-das-vertrauen-der-verbraucher-zum-scheitern-verurteilt/122/ (Letzter Zugriff: 10.07.2008 1:52 Uhr)

entieren, der einen deutlich niedrigeren Mehrwert durch RFID erfährt als die Unternehmen. Die Formulierung der Grundsätze erfordert von den Unternehmen einen Kompromiss, da die Unternehmen durch die freiwillige Selbstkontrolle nicht das gesamte Optimierungspotenzial von RFID ausschöpfen können. Diesen Kompromiss werden die Unternehmen aber ausnahmslos akzeptieren, da die Gefahr der Ablehnung des Endkunden und den möglichen Konsequenzen für die Unternehmen zu groß ist.

Die Unternehmen werden mit dem Problem konfrontiert, den schmalen Grad zwischen der legitimierten Benutzung von Kundendaten und dem Missbrauch der Kundendaten zu finden. Es steht außer Zweifel, dass das RFID System sensible und sehr persönliche Daten über den Endkunden liefert und das die Versuchung für die Unternehmen groß ist, diese Daten marketingtechnisch zu analysieren und Persönlichkeitsprofile zu erstellen. Gleichzeitig lässt sich die Hypothese aufstellen, dass Kunden grundsätzlich dazu bereit sind, ihre Daten gegen einen kleinen Vorteil wie einen Preisrabatt bereitzustellen.[125] Dies zeigen z.B. die zahlreichen Kundenkarten, die heutzutage im Umlauf sind. Die Unternehmen müssen daher den schmalen Grad zwischen der Bereitschaft der Kunden und den eigenen Interessen finden.

Um den schmalen Grad zu finden, können sich die Unternehmen an die Grundsätze der Transparenz, der Mäßigkeit bzw. Zweckmäßigkeit, der Gewissenhaftigkeit und der Wertigkeit für den Kunden halten:

Der Grundsatz der Transparenz besagt, dass dem Kunden die Qualität und die Quantität der Daten transparent gemacht werden sollte. Der Kunde sollte darüber in Kenntnis gesetzt werden, welche Daten wo, wie und wann von ihm generiert und verwendet werden. So behält der Kunde die Kontrolle über seine Daten und fühlt sich weniger von den Unternehmen ausspioniert.

Die Mäßigkeit bzw. Zweckmäßigkeit im Umgang mit den Daten bezieht sich auf die Quantität und Qualität der aufgenommen Daten. Grundsätzlich kann RFID im SCM Unmengen an Daten über den

---

[125] Vgl.: Kohla, E.: Die Jagd nach Kundendaten, SWR, Stand 10.10.2007, http://www.swr.de/ratgeber/multimedia/kundenprofile/-/id=1818/nid=1818/did=2690274/gwt28o/index.html (Letzter Zugriff: 07.07.2008 11:28 Uhr)

Kunden und sein Einkaufsverhalten liefern. Dabei sollten sich die Unternehmen auf die wirklich relevanten Daten konzentrieren und bei der Ansammlung von Daten auf das „Maß" achten. Die aufgenommenen Daten sollten zweckmäßig und zielgerichtet sein und zu einem klaren Mehrwert beitragen. Die Aufnahme von unnötigen und unzweckmäßigen Daten hat weder einen Mehrwert für den Endkunden noch für das Unternehmen und verursacht nur Ärger und Unverständnis auf Seiten der Endkunden.

Bei dem Grundsatz der Gewissenhaftigkeit sollen die Unternehmen gewissenhaft und verantwortungsvoll mit Kundendaten umgehen. Insbesondere der Verkauf und die Weitergabe der Kundendaten an Dritte kann das Vertrauen in Unternehmen und in die RFID-Technik nachhaltig schwächen bzw. zerstören.

Der Grundsatz der Wertigkeit bezieht sich auf den Kunden. Der Kunde muss einen klaren Mehrwert durch die Herausgabe seiner Daten haben. Dabei muss dieser Mehrwert offensichtlich für den Kunden sein. Dieser Mehrwert kann z.B. ein preislicher Mehrwert in Form eine Rabatts sein oder aber die Verhinderung einer Out-of-Stock Situation oder die Sicherstellung von Qualität.

Unternehmen können durch die Einhaltung dieser Grundsätze das Vertrauen der Kunden in RFID gewinnen. Die Grundsätze stehen dabei in Relation zueinander und die Missachtung eines einzelnen Grundsatzes kann die Einhaltung der anderen Grundsätze irrelevant machen.

7.2 Kommunikationsstrategien

Die Unternehmen können durch die Einhaltung der Grundsätze die Basis für ein Vertrauen der Kunden schaffen. Für die Gewinnung des Vertrauens der Kunden für die RFID Technologie müssen die Unternehmen eine Kommunikationsstrategie planen und durchführen.

Als ersten Schritt müssen die Unternehmen eine Situationsanalyse durchführen, um die eigene Kundschaft zu analysieren, da Kunden sich von Unternehmen zu Unternehmen unterscheiden und unterschiedliche Charaktere haben. Bei dieser Situationsanalyse ist für Unternehmen besonders interessant, ob sich die Kunden grundsätzlich für Logistik und neue Technologien interessieren. Je nach Ergebnis der Analyse können die Unternehmen zwischen zwei möglichen Kommunikationsstrategien wählen: Zum einen der offensiven

Kommunikationsstrategie und zum anderen der defensiven Kommunikationsstrategie.[126] Dabei haben beide Kommunikationsstrategien die Funktion der Information[127], d.h. die Kommunikationsstrategien sollen das Wissen über RFID den Endkunden vermitteln.

Bei der offensiven Kommunikationsstrategie geht die Initiative von dem Unternehmen aus. Die Unternehmen informieren dabei die Endkunden aktiv über den Einsatz und den Mehrwert der Technologie und versuchen aktiv das Vertrauen der Kunden für RFID durch Marketingmaßnahmen zu gewinnen. Die Unternehmen können bei dieser Strategie alle Instrumente des Kommunikations-Mixes nutzen, z.B. Klassische Werbung, Verkaufsförderung, PR, Direkt-Kommunikation, Sponsoring, Event-Marketing, Messen und Multimedia-Kommunikation.[128] Durch die Ausnutzung dieser Instrumente können sie versuchen, die Aufmerksamkeit für RFID zu erhöhen und das Vertrauen zu gewinnen. Zudem steht bei der offensiven Kommunikationsstrategie die Gewinnung von Neukunden durch die Kommunikation des Mehrwerts von RFID im Vordergrund.[129] Bei dieser Strategie werden die Vorteile von RFID für die Endkunden eindeutig und offensichtlich kommuniziert. Deutlich wird dies bei den folgenden beispielhaften offensiven Kommunikationsbotschaften: „Dank RFID nie mehr Schlange stehen" oder „Schutz vor Plagiaten durch RFID".

Bei der defensiven Kommunikationsstrategie verhalten sich die Unternehmen bei der Kommunikation des Einsatzes von RFID zurückhaltend. Im Gegensatz zur offensiven Kommunikationsstrategie wird bei der defensiven Strategie der Einsatz und der Mehrwert von RFID nicht eindeutig und offensichtlich kommuniziert. Die Unternehmen versuchen, durch die Optimierung des SCM durch RFID einen Mehrwert für den Kunden zu kreieren, den sie mit ihren bewährten Instrumenten des Kommunikations-Mixes kommunizieren. Dabei wird die RFID-Technologie, durch die der Mehrwert entsteht, nicht kommuniziert. Dies wird am Besten deutlich an folgenden

---

[126] Vgl.: Kotler, P, Bliemel, F.: Marketing-Management – Analyse, Planung und Verwirklichung, 10. Auflage, München 2006, S. 81f.

[127] Vgl.: Meffert, H.: Marketing, Grundlagen marktorientierter Unternehmensführung, 9. Auflage, Wiesbaden 2005, S. 684f.

[128] Vgl.: Meffert, H.: Marketing, Grundlagen marktorientierter Unternehmensführung, S. 684f.

[129] Vgl.: Kotler, P, Bliemel, F.: Marketing-Management – Analyse, Planung und Verwirklichung, S. 82

beispielhaften defensiven Kommunikationsbotschaften: „Bei uns brauchen Sie sich nicht hinten anstellen", „Verderbliche Waren haben bei uns keine Chance" oder „Bei uns bekommen Sie nur Originalware".

Sowohl die offensive als auch die defensive Kommunikationsstrategie kann die Unternehmen bei der Gewinnung des Kundenvertrauens unterstützen. Allerdings hängt die Wirkung der beiden Strategien von zwei wesentlichen Erfolgsfaktoren ab: Zum einen müssen sich die Unternehmen an die im letzten Kapitel beschriebenen Grundsätze im Umgang mit RFID halten und zum anderen kommt es auf die fehlerfreie Situationsanalyse an.

Ohne die Einhaltung der Grundsätze kommt es unweigerlich zu Problemen mit dem Datenschutz, die zwangsläufig Ablehnung und Verärgerung über RFID bei den Endkunden hervorruft. In solch einer Situation können die Unternehmen nicht mehr zwischen einer offensiven oder defensiven Strategie wählen, sondern werden sich nur noch für den Einsatz von RFID rechtfertigen können. Ferner werden die Unternehmen in dieser Situation größte Mühen haben, dass Kundenvertrauen noch einmal aufbauen zu können.

Die Richtigkeit der Situationsanalyse der Unternehmen ist ein wesentlicher Erfolgsfaktor für die Kommunikation von RFID. Die Unternehmen können nur auf Basis der gelieferten Daten der Situationsanalyse die richtige Kommunikationsstrategie wählen. Bei einer Kundschaft, die sich nicht für Technologien hinter Produkten interessieren, kann eine offensive Kommunikationsstrategie wirkungslos sein. Entsprechend kann eine defensive Kommunikationsstrategie erfolglos sein, wenn die Kunden sich für die Logistik hinter einem Produkt interessieren.

Auf Grundlage dieser beiden Erfolgsfaktoren und den beiden denkbaren Kommunikationsstrategien können die Unternehmen das Vertrauen ihrer Kunden für die RFID-Technologie gewinnen und die Basis für den Erfolg von RFID aus unternehmerischer Sicht gestalten.

8 Resümee

Die Potenzialanalyse der RFID-Technologie im Supply Chain Management aus Sicht der Unternehmen hat gezeigt, dass die Euphorie der Unternehmen im Zusammenhang mit RFID durchaus berechtigt ist. Die Unternehmen können durch den Einsatz von RFID in ihrem Supply Chain Management einen großen Mehrwert erhalten. Dabei ist entscheidend, dass RFID unternehmensübergreifend die Supply Chain optimieren kann. Der Mehrwert leitet sich aus unternehmerischer Sicht vor allem aus den technischen Möglichkeiten der Automatisierung und der Informationsbereitstellung ab. Die technischen Möglichkeiten optimieren dabei die gesamte Supply Chain und lassen die Unternehmen auf die steigenden Anforderungen und auf die wachsende Komplexität von Supply Chains optimaler reagieren. Darüber hinaus führt der Einsatz von RFID entlang der Supply Chain zu einem stärkeren Zusammenwachsen der Beteiligten einer Supply Chain. Dies ermöglichen insbesondere die so genannten Shared Information Hubs (SIH), die mit Daten und Informationen von den RFID-Systemen entlang der Supply Chain versorgt werden und die diese allen Beteiligten der Supply Chain in Echtzeit zur Verfügung stellen.

Allerdings hat die RFID-Technologie zahlreiche Schwächen aus unternehmerischer Sicht. Diese leiten sich von den technischen Grenzen der Technologie ab, da die Technik derzeit noch von einem geringen Reifegrad gekennzeichnet ist. Die Automatisierung leidet derzeit noch häufig unter einer Fehlerquote beim Auslesen der RFID-Tags und die Daten und Informationen, die durch RFID-Systeme geliefert werden, leiden oft unter einer unzureichenden Zuverlässigkeit. Ferner leidet die Technologie unter erheblichen Sicherheitsproblemen, die sowohl sicherheitsrelevante Probleme innerhalb wie auch außerhalb der Supply Chain hervorrufen können. Darüber hinaus mangelt es RFID an einer internationalen Standardisierung. Die größte Schwäche der RFID-Technologie stellen allerdings die Kosten für die Systeme dar. Diese schränken die Wirtschaftlichkeit von RFID-Systemen für viele Unternehmen ein bzw. machen diese Systeme für zahlreiche Unternehmen unrentabel.

Während die Euphorie auf Seiten der Unternehmen nachvollziehbar ist, hält sich die Begeisterung auf Seiten der Endkunden deutlich in Grenzen. Der Grund für diese Zurückhaltung der Kunden wird bei der Potenzialanalyse ersichtlich: Der Mehrwert für die Endkunden ist auch bei der optimalen Ausschöpfung des Optimierungspotenzials von RFID deutlich geringer als für die Unternehmen. Ferner sind die Gefahren für den Endkunden durch RFID als sehr hoch und die Chancen als gering einzuschätzen. Hinzukommend ist bei der Potenzialanalyse offensichtlich geworden, dass die Endkunden weniger Mehrwert durch die RFID-Technologie erhalten als vielmehr von dem optimierten Supply Chain Management.

Bei der Potenzialanalyse wurde überdies ersichtlich, dass sich die Vorteile für die Unternehmen nachteilig auf die Endkunden auswirken können. An dieser Stelle kommt es zu einem klaren Interessenkonflikt, der durch die große Gefahr der Ablehnung von RFID durch die Endkunden bekräftigt wird. Die Akzeptanz und Anerkennung der Bedeutung von RFID im Supply Chain Management durch die Endkunden stellt den wichtigsten Erfolgsfaktor der Technologie dar. Ohne die Akzeptanz der Endkunden wird RFID keinen durchschlägigen Erfolg haben und die Unternehmen müssten in diesem Worst-Case-Szenario auf den Einsatz von RFID-Systemen gänzlich verzichten. Aus diesem Grund muss die Initiative von den Unternehmen ausgehen, um den Interessenkonflikt zwischen Unternehmen und Endkunden zu lösen und um das Vertrauen der Endkunden in die Vorzüge der Technologie zu gewinnen. Dabei müssen die Unternehmen einen starken Kompromiss eingehen und zahlreiche Beschränkungen des Optimierungspotenzials in Kauf nehmen. Die Unternehmen können durch den richtigen Umgang mit RFID und insbesondere mit dem verantwortungsvollen Umgang mit den durch RFID gelieferten Daten die Grundlage für das Vertrauen der Endkunden aufbauen. Dazu können sich die Unternehmen an die Grundsätze der Transparenz, der Mäßigkeit bzw. Zweckmäßigkeit, der Gewissenhaftigkeit und der Wertigkeit für den Kunden orientieren. Darüber hinaus müssen die Unternehmen die richtige Kommunikationsstrategie wählen, um das Vertrauen der Kunden zu gewinnen. Voraussetzung dafür ist eine fehlerfreie Situationsanalyse der eigenen Kundschaft. Aufbauend auf der Situationsanalyse, können die Unternehmen zwischen einer offensiven und defensiven Kommunikationsstrategie wählen. Bei der offensiven Kommunikationsstrategie wird der Mehrwert der RFID-Technologie klar und offensichtlich kommuniziert, während bei der defensiven Kommunikationsstrategie eher die Verbesserungen, die durch RFID im SCM geschaffen worden, kommuniziert werden.

Grundsätzlich muss die Zukunft von RFID vorsichtig und realistisch betrachtet werden. Die Gefahren der Technologie liegen mit den Chancen nahezu gleichauf, sodass ein großes Risiko für die Unternehmen be- und entsteht. Unternehmen müssen vor der Einführung von RFID-Systemen nicht nur eine Kosten-Nutzen-Analyse durchführen, sondern sollten kritisch hinterfragen, welche Ziele sie mit der Technologie anstreben. Denn bereits bei der Zielsetzung können die Unternehmen einiges falsch angehen. RFID sollte immer als Optimierungsinstrument des SCM und nicht als Optimierungsinstrument einzelner Prozesse entlang der Supply Chain gesehen werden. Das SCM ist ein auf den Kunden gerichtetes Managementkonzept. Diese Kundenorientierung muss auch Maßstab bei der Einführung eines RFID-Systems sein. Nur wenn die Endkunden keinen Nachteil durch RFID erfahren, können die Unternehmen überhaupt das Fundament für einen erfolgreichen Einsatz schaffen. Denn ohne die Akzeptanz bzw. Zustimmung der Kunden, wird RFID keine Zukunft haben.

Abschließend ist als Ergebnis festzustellen, dass bei einem verantwortungsvollen und zielgerichteten Einsatz von RFID-Systemen im SCM die Unternehmen und die Endkunden einen klaren Mehrwert erhalten können. Allerdings ist der Mehrwert von RFID für den Endkunden als zu gering einzustufen, als das es sich für den Kunden lohnen oder dem Kunden verständlich erscheinen würde, die Kosten für den Einsatz dieser Technologie alleine tragen zu müssen. Aus diesem Grund sollten die Unternehmen nur dann die RFID-Technologie im SCM einführen, wenn die Endkunden einen Mehrwert durch RFID erfahren und die zusätzlichen Kosten, die durch den Einsatz an den Endkunden über die Produktpreise weitergegeben werden, entweder erst gar nicht entstehen oder vernachlässigbar sind. Der Mehrwert durch RFID für die Unternehmen bleibt auch bei einem Kompromiss zugunsten der Endkunden deutlich erhalten und kann nur durch die hohen Kosten von RFID geschmälert werden.

Literaturverzeichnis

Literatur

Arndt, H.: Supply Chain Management – Optimierung logistischer Prozesse, 2. Auflage, Wiesbaden 2005

Arndt, H.: Supply Chain Management – Optimierung logistischer Prozesse, 4. Auflage, Wiesbaden 2008

Beckmann, H., Supply Chain Management - Strategien und Entwicklungstendenzen in Spitzenunternehmen, 1. Auflage, Berlin 2003

Brewer, A.M. u.a.: Handbook of Logistics and Supply Chain Management, 1. Auflage, Sydney 2001

Busch, A., Dangelmaier, W.: Integriertes Supply Chain Management – Theorie und Praxis effektiver unternehmensübergreifender Geschäftsprozesse, 2. Auflage, Wiesbaden 2004

Corsten, H., Gössinger, R.: Einführung in das Supply Chain Management, 2. Auflage, München 2008

Engelhardt-Nowitzki, C., Lackner, E.: Chargenverfolgung: Möglichkeiten, Grenzen und Anwendungsgebiete, 1. Auflage, Gabler Verlag, Wiesbaden 2006

Finanzkeller, K.: RFID Handbook: Fundamentals and Applications in Contactless Smart Cards and Identification, Second Edition, West Sussex 2003

Gleißner, H., Femerling, J.: Logistik – Grundlagen-Übungen-Fallbeispiele, 1. Auflage, Wiesbaden 2007

Göpfert, I.: Abgrenzung und Weiterentwicklung des Supply Chain Managements, in: Busch, A., Dangelmaier, W.: Integriertes Supply Chain Management – Theorie und Praxis effektiver unternehmensübergreifender Geschäftsprozesse, 2. Auflage, Wiesbaden 2004

Heusler, K.F.: Implementierung von Supply-Chain-Management, 1. Auflage, Wiesbaden 2004

Kotler, P, Bliemel, F.: Marketing-Management – Analyse, Planung und Ver-wirklichung, 10. Auflage, München 2006

Meffert, H.: Marketing, Grundlagen marktorientierter Unternehmensführung, 9. Auflage, Wiesbaden 2005

Vahrenkamp, R.: Logistik – Management und Strategien, 6. Auflage, Kassel 2007

Wannenwetsch, H.: Vernetztes Supply Chain Management: SCM-Integration über die gesamte Wertschöpfungskette, Heidelberg 2005

Weigert, Sebastian: Radio frequency identification (RFID) in der Automobilin-dustrie, 1. Auflage, Gabler Verlag, Wiesbaden 2006

Werner, H.: Supply Chain Management: Grundlagen, Strategien, Instrumente und Controlling, 2. Auflage, Wiesbaden 2002

Studien, Fachmagazine, Fachartikel, Internetseiten etc.

Anderson, D.L.: The 7 Principles of Supply Chain Management, Stand 1.4.2007, verfügbar im Internet http://www.scmr.com/article/CA6432096.html (Letzter Zugriff: 08.07.2008 12:55 Uhr)

Arndt, H.: Supply Chain Management – Optimierung logistischer Prozesse, 4. Auflage, Wiesbaden 2008, S. 189f

Auerbach, M, Sommer, A., Quiede, U.: Trusted RFID, FIR+IAW Unternehmen der Zukunft 3/2005, S.3, verfügbar im Internet: www.fir.rwth-aachen.de/download/udz/udz3_2005_309.pdf (Letzter Zugriff: 03.06.2008 09:46 Uhr)

Bundesamt für Sicherheit in der Informationstechnik (BSI), Risiken und Chan-cen des Einsatzes von RFID-Systemen, Bonn 2005, S. 13, verfügbar im Internet http://www.bsi.bund.de/fachthem/rfid/RIKCHA_barrierefrei.pdf (letzter Zugriff: 03.07.08)

Bundesministerium für Bildung und Forschung – Studie: Auswirkungen eines RFID-Masseneinsatzes auf Entsorgung- und Recyclingsyteme, Stand 2004, S. 4, verfügbar im Internet: www.flog.mb.uni-dortmund.de/forschung/download/Studie%20-%20Auswirkungen%20eines%20RFID%20Masseneinsatzes.pdf (letzter Zugriff: 03.06.2008 09:55 Uhr)

Bundesministerium für Bildung und Forschung: RFID-Studie 2007 – Technologieintegrierte Sicherheit bei RFID-Systemen, April 2007, S.2 verfügbar im Internet www.tzi.de/fileadmin/resources/publikationen/news/RFID-Studie_Final.pdf (Zugriff: 26.5.2008)

Bundesministerium für Wirtschaft und Technologie: RFID – Potenziale für Deutschland, Seite 44, verfügbar im Internet: www.vdivde-it.de/Images/publikationen/dokumente/RFID_gesamt.pdf (Letzter Zugriff: 03.06.2008 09.50 Uhr)

CCG: RFID – Optimierung der Value Chain, Mai 2003, S. 11, verfügbar im Internet: www.gs1austria.at/epc/downloads/MIP_deutsch030505.pdf (Letzter Zugriff: 09.06.2008 18.39 Uhr)

Computerwoche.de: Wal-Mart treibt RFID-Nutzung voran, Stand 19.05.2004, verfügbar im Internet: http://www.computerwoche.de/546638 (Letzter Zugriff: 30.05.2008 19:38 Uhr)

Dericks, L.: Milchflaschen mit Antenne, Innovation Nr. 4/2007, verfügbar im Internet: http://imc-ag.de/downloads/innovation-RFID-Milchflaschen_mit_Antenne-1107.pdf (Letzter Zugriff: 14.05.2008 11:34 Uhr)

Deutsche Post World Net: Kälteüberwachte Sendungen mit RFID, verfügbar im Internet: http://www.dpwn.de/dpwn?skin=hi&check=yes&lang=de_DE&xmlFile=2007688 (Letzter Zugriff: 29.05.2008 23:41 Uhr)

Deutsche Post: Deutsche Post startet Pilotprojekt für neuartige RFID-Etiketten, Stand 10.10.2005, verfügbar im Internet: http://www.mylogistics.net/de/news/themen/key/news383162/jsp (Letzter Zugriff: 29.05.2008 23:38 Uhr)

Duscha, A.: RFID und Barcode – Ein Vergleich, verfügbar im Internet http://www.hagen.ihk.de/inhalte/themen/innovation/Multimedia_und__E-Business_in_Suedwestfalen/ECC_Handel_in_Kooperation_mit_SIHK/060523_RFID/vergleich.pdf (Zugriff 29.5.2008 21:38 Uhr)

ECIN: RFID in der Automobilindustrie, Stand 17.02.2005, verfügbar im Internet: http://www.ecin.de/news/2005/02/17/08003 (Letzter Zugriff: 29.05.2008 23:53 Uhr)

FIM der VLB Berlin: Studie Prüfung der Optimierungsmöglichkeiten des Mehrwegsystems in kleineren und mittleren Unternehmen des Getränkehandels, S. 74ff., verfügbar im Internet: www.transpondertechnikum.de/FIM-TKZ-Datenbank/pdf/VLB-Studie%20RFID%20im%20GFGH%20_%20Sich%20.pdf (Letzter Zugriff: 03.07.2008 22:09 Uhr)

Fiutak, M.: Cebit: Handel setzt auf RFID, ZDnet Deutschland, Stand 03. März 2006, verfügbar im Internet: http://www.zdnet.de/news/messen/cebit2006/tkomm/0,39033480,39141531,00.htm (Letzter Zugriff: 30.05.2008 14:18 Uhr)

Gneuss, M.: RFID: „Die Kosten sind das größte Hemmnis", Handelsblatt, Stand 05.06.2006, verfügbar im Internet http://www.handelsblatt.com/News/printpage.aspx?_p=300044&_t. (Letzter Zugriff: 24.06.2008 16:47 Uhr)

GS1: Beschreiben und Lesen von Transpondern, verfügbar im Internet: http://www.gs1-germany.de/content/e39/e52/e2079/e2154/e2089 (Letzter Zugriff: 05.07.2008 20:33 Uhr)

HB Frankfurt: Jedes zehnte Ersatzteil illegal?, Handelsblatt, Stand 18.09.2006, verfügbar im Internet: http://www.handelsblatt.com/technologie/technik/jedes-zehnte-ersatzteil-illegal;1136436 (Letzter Zugriff: 24.06.2008 16:47 Uhr)

Hewlett-Packard: Talking with Wal-Mart's CIO, S. 1, http://h71028.www7.hp.com/ enterprise/cache/20136-0-0-225-121.aspx (Letzter Zugriff: 29.05.2008 23:48 Uhr)

Hodel, D., Süß, T.: Chancen und Voraussetzungen der Supply Chain-Optimierung durch RFID, Sonderdruck zur GS1-Fachkonferenz, Bonn, 6. Dezember 2007, verfügbar im Internet: http://imc-ag.de/downloads/Chancen_und_Voraussetzungen_der_Supply_Chain-Optimierung_durch_RFID-DH-1207.pdf

Hodel, D.: Von der Innovation zum Geschäftsmodell, Mannheim 2007, S.1, verfügbar im Internet http://imc-ag.de/downloads/Von_der_Innovation_zum_Geschaeftsmodell-1007.pdf

IHK-Informationen: RFID-Technologie im Handel, 2005, S. 2, verfügbar im Internet www.bielefeld.ihk.de/fileadmin/redakteure/starthilfe/ronschke/Branchen/Handel/Merkblatt_RFID.pdf (Stand: 22.5.2008)

IT Wissen – Grosses Online-Lexikon für Informationstechnologie: Strichcode, verfügbar im Internet http://www.itwissen.info/definition/lexikon/Strichcode-bar-code.html (Zugriff: 28.05.2008 16:14 Uhr)

ITML Lösungen für SAP Produkte: Fehlerfreie Datenerfassung durch Verwendung zweidimensionaler Barcode, verfügbar im Internet http://www.itml.de/portal/fokus_scm_feb06,5511.html   (Letzter Zugriff: 09.07.2008 22:20 Uhr)

Klaas, V.: RFID in der Industrie ermöglicht hohe Produktionsqualität durch Echtzeitdaten, 06.07.2007, verfügbar im Internet http://www.maschinenmarkt.vogel.de/themenkanaele/materialflusslogistik/autoid/rfid/articles/702 00/

Kohla, E.: Die Jagd nach Kundendaten, SWR, Stand 10.10.2007, http://www.swr.de/ratgeber/multimedia/kundenprofile/-/id=1818/nid=1818/did=2690274/gwt28o/index.html (Letzter Zugriff: 07.07.2008 11:28 Uhr)

Krempl, S.: Neue Vorstöße zur RFID-Selbstregulierung der Industrie, Heise Online, Stand 29.05.2006 16:17, verfügbar im Internet: http://www.heise.de/newsticker/Neue-Vorstoesse-zur-RFID-Selbstregulierung-der-Industrie--/meldung/73621 (Letzter Zugriff: 10.07.2008 1:49 Uhr)

Lange, V.: RFID-Einführung? Es kommt darauf an - RFID Studie 2004, FM Das Logistikmagazin 12/2004, verfügbar im Internet: www.warehouse-logistics.com/download/DE_Heft_FM_36_2004_12_3.pdf (letzter Zugriff: 03.06.2008 09:52 Uhr)

Langheinrich, M.: RFID und die Zukunft der Privatsphäre, S. 23, verfügbar im Internet: www.vs.inf.ethz.ch/publ/papers/langhein-rfid-de-2006.pdf (Letzter Zugriff: 03.06.2008 10:03 Uhr)

Merkel, H.: Future Supply Chain Design, Präsentation Vorlesung Uni Mannheim, 2005

Metro AG: Metro Gourp weitet RFID-Einsatz nach Europa aus, verfügbar im Internet: http://www.metrogroup.de/servlet/PB/menu/1155070_l1/index.html (Letzter Zugriff: 29.05.2008 22:12 Uhr)

Metro AG: RFID – Schlüsseltechnologie im Handel, Dokument nicht mehr im Internet verfügbar, PDF-Version befindet sich dieser Untersuchung beifügten CD: off-Presse-Pressemat-Hintergrundinfos-RFID_05-12-21.pdf

Metro AG: Spektrum RFID Metro Gourp, S. 11, verfügbar im Internet: http://logging.mgi.de/ObjectTracking/www.future-store.org/fsi-internet/get/documents/FSI/multimedia/pdfs/broschueren/WISSB_Publikationen_Broschueren_SpektrumRFID.pdf (Letzter Zugriff: 29.05.2008 22:10 Uhr)

Monse: RFID: Wal-Mart ist zurück und einige andere auch, Stand 22.01.2008, verfügbar im Internet: http://www.ecin.de/blog/node/313/print (Letzter Zugriff: 29.05.2008 23:45 Uhr)

Ökotest: Frische Ware dank RFID, Ökotest 05/2007, S. 16, verfügbar im Internet: www.oekotest.de/oeko/bin/media/mum052007/mum052007-16.pdf (Letzter Zugriff: 07.07.2008 22:13 Uhr)

Pruitt, S.: Wal-Mart begins RFID trial in Texas, Stand 30.04.2004, verfügbar im Internet: http://www.computerworld.com/mobiletopics/mobile/technology/story/0,10801,92806,00.html (Letzter Zugriff: 29.05.2008 23:51 Uhr)

RFID Basis: Kosten von RFID-Systemen, verfügbar im Internet: http://www.rfid-basis.de/print/kosten.html (Letzter Zugriff: 24.06.2008 16:47 Uhr)

RFID Journal: RFID Geschichte, http://www.rfid-journal.de/rfid-geschichte.html (Zugriff: 08.07.2008 13:06 Uhr)

RFID Journal: RFID Kosten, verfügbar im Internet: http://www.rfid-journal.de/rfid-kosten.html (letzter Zugriff: 09.07.2008 22:56 Uhr)

RFID Support Center: Datenschutz bei RFID Anwendungen, Stand September 2007, S. 17, verfügbar im Internet: http://www.rfid-support-center.de/file.php?mySID=cecd8518cf664a9e2c9057caff7153d4&file=/Datenschutz_bei_RFID-Anwendungen.pdf&type=down (Letzter Zugriff: 03.06.2008 09:34 Uhr)

Rhensius, T., Quadt, A.: RFID im After Sales und Service, verfügbar im Internet: www.isis-specials.de/profile_pdf/1f149_ed_rfid0208.pdf (letzter Zugriff: 03.06.2008 10:13 Uhr)

Silicon: RFID im Automobil lockt die Schwergewichte, Stand 04.05.2005, verfügbar im Internet: http://www.silicon.de/software/it-services/0,39039005, 39175420,00/rfid+im+automobil+lockt+die+schwergewichte.htm (Letzter Zugriff: 29.05.2008 23:54 Uhr)

Stepanek, M.: Deutsche Post stellt bei Briefzustellung auf RFID um, Stand 11.10.2006, verfügbar im Internet: http://www.innovations-report.de/ html/berichte/informationstechnologie/bericht-71864.html

TIS: Radio Frequency Identification (RFID), verfügbar im Internet: www.tis-gdv.de/tis/verpack/rfid/rfid.htm (Letzter Zugriff: 09.07.2008)

Unruh, V.: Barcode oder RFID – die Datenmenge macht den Unterschied, Stand 09.05.2008 , verfügbar im Internet http://www.maschinenmarkt.vogel.de/themenkanaele/mmlogistik/managementundit/autoid/articles/120915/ index2.html (Letzter Zugriff: 09.07.2008 22:37 Uhr)

Unterluggauer, M.: Unklarer Nutzen – Was RFID dem Verbraucher bringt, Stand 30.06.2007, verfügbar im Internet: http://www.dradio.de/dlf/sendungen/computer/641880/drucken/ (Letzter Zugriff: 03.06.2008 10:11 Uhr)

Vogell, K.: Neuer RFID-Kalkulator für individuelle Kosten-Nutzen-Bewertung, GS1 Magazin 2/2005, verfügbar im Internet: www.gs1-germany.de/content/e39/e56/e552/e295/datei/22005/c205_07.pdf

Voigt, S.: Daimler setzt auf RFID-Standards, Logistik Inside, Stand 16.11.2007, verfügbar im Internet: http://www.logistik-inside.de/sixcms/detail.php?id= 593930&templ (Letzter Zugriff: 29.05.2008 23:59 Uhr)

VZBV: RFID-Technologie ist ohne das Vertrauen der Verbraucher zum Scheitern verurteilt, Stand 12.03.2007, verfügbar im Internet: http://cebit2008.portel.de/cebit2008news/artikel/14025-vzbv-rfid-technologie-ist-ohne-das-vertrauen-der-verbraucher-zum-scheitern-verurteilt/122/ (Letzter Zugriff: 10.07.2008 1:52 Uhr)

Wessel, R.: Environmental Concerns lead Deutsche Post to RFID, Stand 20.12.2006, verfügbar im Internet: http://www.rfidjournal.com/article/article-print/2912/-1/1 (Letzter Zugriff: 29.05.2008 23:38 Uhr)

Wolff, T.: Sicherheitslücken bei RFID-Chips, CIO Online, Stand 22.03.2006, http://www.cio.de/knowledgecenter/security/819979/index.html (Letzter Zugriff: 10.07.2008 0:58 Uhr)

www.ingramcontent.com/pod-product-compliance
Lightning Source LLC
Chambersburg PA
CBHW021838020426
42334CB00014B/689